THE MIDDLE AGES
중세 I

중세 I

초판 1쇄 발행 2021년 4월 23일
초판 2쇄 발행 2021년 8월 16일

글 플로리앙 마젤 / **그림** 뱅상 소렐 / **번역** 이하임

펴낸이 조기흠
편집이사 이홍 / **책임편집** 박종훈 / **기획편집** 송병규
마케팅 정재훈, 박태규, 김선영, 홍태형, 배태욱 / **디자인** 책과이음 / **제작** 박성우, 김정우

펴낸곳 한빛비즈(주) / **주소** 서울시 서대문구 연희로2길 62 4층
전화 02-325-5506 / **팩스** 02-326-1566
등록 2008년 1월 14일 제 25100-2017-000062호
ISBN 979-11-5784-501-9 03900

이 책에 대한 의견이나 오탈자 및 잘못된 내용에 대한 수정 정보는 한빛비즈의 홈페이지나
이메일(hanbitbiz@hanbit.co.kr)로 알려주십시오. 잘못된 책은 구입하신 서점에서 교환해드립니다.
책값은 뒤표지에 표시되어 있습니다.

🏠 hanbitbiz.com　📘 facebook.com/hanbitbiz　Ⓝ post.naver.com/hanbit_biz
▶ youtube.com/한빛비즈　📷 instagram.com/hanbitbiz

Chevaliers, moines et paysans : De Cluny a la premiere croisade by Vincent Sorel and Florian Mazel
ⓒ Editions La Decouverte, Paris, 2019.
All rights reserved.
Korean Translation Copyright ⓒ Hanbit Biz, Inc., 2021.
This Korean Edition is published by arrangement with Editions La Decouverte, France through Milkwood Agency, Korea.
이 책의 한국어판 저작권은 밀크우드 에이전시를 통한 저작권자와의 독점계약으로 한빛비즈(주)에 있습니다.
저작권법에 의해 보호를 받는 저작물이므로 무단 복제 및 무단 전재를 금합니다.

지금 하지 않으면 할 수 없는 일이 있습니다.
책으로 펴내고 싶은 아이디어나 원고를 메일(hanbitbiz@hanbit.co.kr)로 보내주세요.
한빛비즈는 여러분의 소중한 경험과 지식을 기다리고 있습니다.

만화로 배우는 서양사 교양툰

THE MIDDLE AGES
중세 I

플로리앙 마젤 글 | 뱅상 소렐 그림 | 이하임 옮김

한빛비즈
Hanbit Biz, Inc.

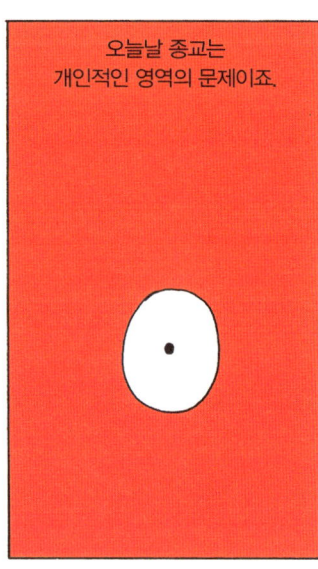
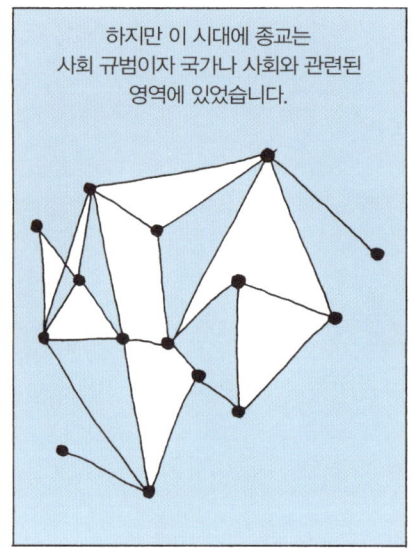

* 라울 글라베르, 《역사(Histoires)》, 1026~1040년 사이

CHAPTER 1 수도사의 시대

이렇게 많은 교회 중,
여러 이유에서 특별한 곳이 있는데
바로 클뤼니 수도원이에요.

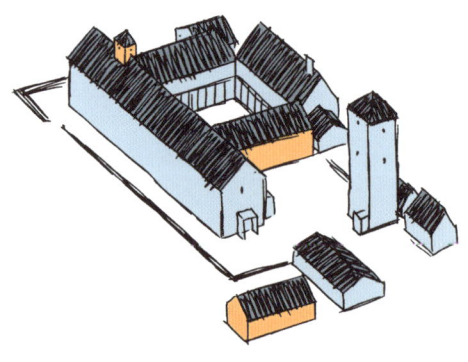

910년 이후에 세워진 클뤼니 수도원의 예배당은
두 번 재건됐으며, 프랑스 혁명 이후
1798년부터 1823년 사이에 상당 부분이 부서졌어요.
오늘날 클뤼니 예배당의 모습은 거의 남아 있지 않지요.

하지만 클뤼니 예배당 본당은 12세기 초부터 중세 말까지
유럽에서 가장 큰 기독교 건축물이었어요.

세상에, 정말 대단하군!

저기, 잠깐만요.
수도원이 허물어졌다고 했는데
어떤 모습이었는지 어떻게 알죠?

맞아요. 우리는 수도원이 어떤 모습이었는지 거의 알지 못한답니다.
1080년부터 세 번째로 다시 지은 클뤼니 수도원의 흔적이 남아 있긴 하지만,
처음과 두 번째로 세워진 수도원의 모습은 전혀 알려지지 않았어요. 유사한 건축물과
일부 잔해를 통해 알게 된 부분을 바탕으로 이런 모습이었을 것이라고 추측해볼 뿐이지요.

그럼 이 책에서 보여주는 수도원은 존재했을 법한
여러 모습 중 하나군요?

네, 거의 그렇다고 볼 수 있죠.

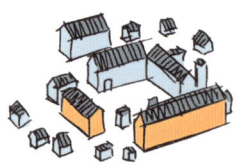

지금은 909년 또는 910년. 첫 번째 등장인물들은 당시 가장 유명했던 제후 중 한 명인 아키텐 공작 '경건공' 기욤 1세와 그의 아내 앙질베르주예요.

이들은 마콩 백작령에 수도원을 짓기 위한 헌장을 작성하길 원했어요.

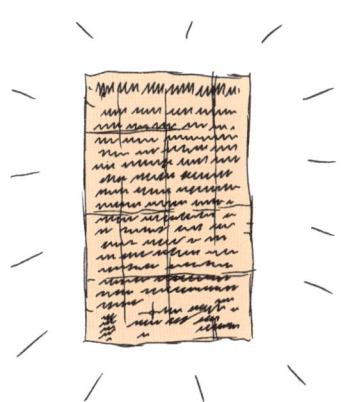

기욤은 프랑크 왕국의 특권 계급인 지체 높은 귀족, 베르나르 플랑트블뤼의 아들이었지요.

카롤링거 왕조의 측근이었던 그는 외곽 지역을 다스리기 위해 그곳에 자리 잡은 프랑크 왕국의 국민이었어요.

기욤은 아버지로부터 오베르뉴 백작 작위를 물려받았어요.

그의 영토는 셉티메니아 대공국부터 부르고뉴까지 아울렀어요. 기욤은 893년에 공작 작위를 받았지요.

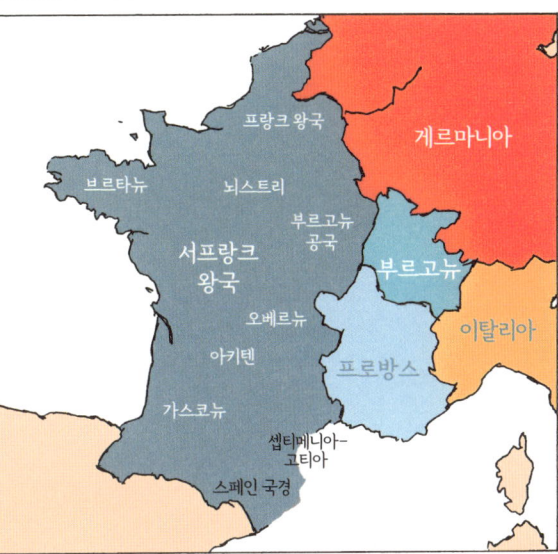

당시의 다른 권력자들처럼, 그도 왕국의 통제로부터 독립하기 위해 서프랑크 왕국의 세력이 약화하는 상황을 이용했어요.

888년부터 카롤링거 가문과 카페 왕조의 조상인 로베르 가문 사이에서 왕위 다툼이 일어났어요. 그리고 바이킹과 마자르족, 사라센족의 침략이 점점 잦아졌지요.

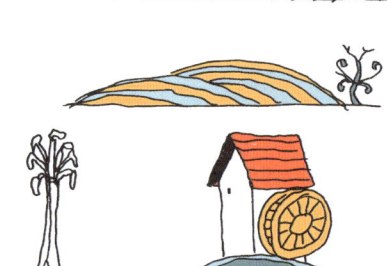

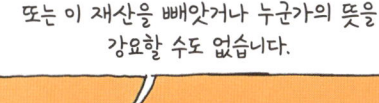

CHAPTER 2
프랑스 영토를 다스리는 왕?

* 위그 카페 왕의 첫 초상화는 14세기 중반이 되어서야 등장한다.

이렇게 당시에는 무관심했지만
이 대관식은 두 왕조 사이의 대결에서
결정적인 사건이었어요.

카롤링거 왕조는 751년에 왕위에 오른 '단신왕' 페팽을 시작으로
백 년 이상 군림했어요. 그러나 9세기 말,
카롤링거 왕조의 지배는 인정받지 못했어요.

카롤링거 왕조
VS
카페 왕조

* 게르마니아와 이탈리아의 왕들이 다스린 신성 로마 제국은 962년에 등장했다.

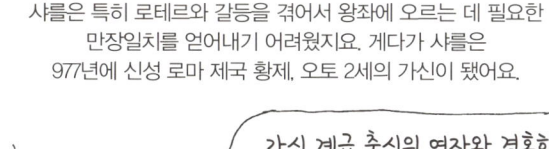

* 랭스 생레미 대성당의 수도사인 리셰르가 옮긴 연설로 내용이 정확하지는 않다.

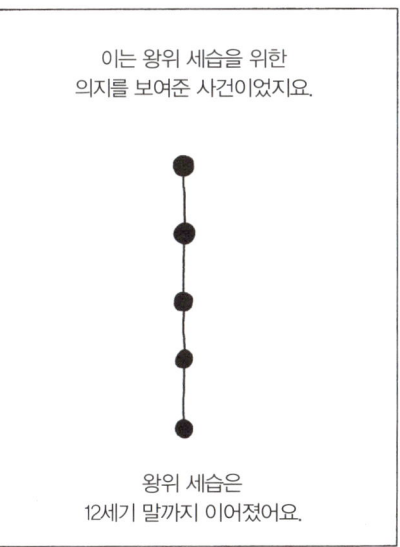

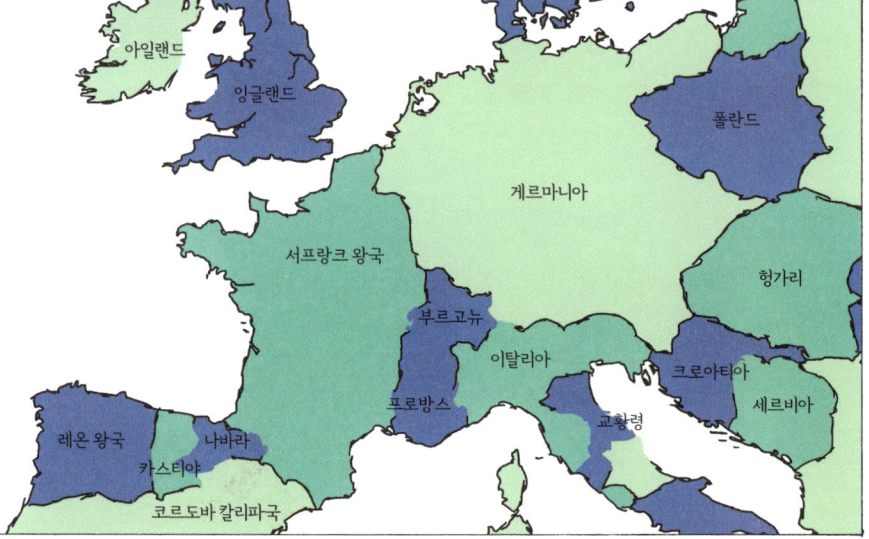

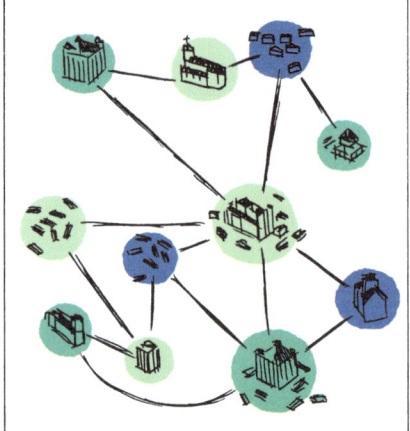

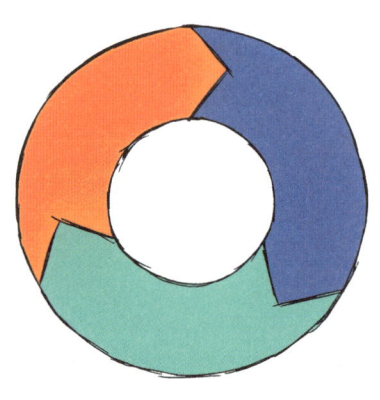

* 랑의 주교 아달베롱, 《로베르 왕에게 바치는 시(Poème au roi Robert)》, '경건왕' 로베르에게 헌정, 1027~1031년경

CHAPTER 3
잉글랜드를 공격하라!

그럼 다시 처음부터 시작해볼게요. 사실, 바이외 태피스트리는 긴 리넨 소재에 털실로 바느질한 자수품*이에요.

18세기에 다시 발견된 바이외 자수품은 마틸드가 시녀들의 도움을 받아 만들었다고 여겨졌어요.

그런데 이 자수품은 아마도 바이외의 주교이자 기욤의 이복동생인 오동 드 콩트빌이 자신의 대성당에 전시하려고 제작한 것으로 보여요.

자수품 속 내용이 영어식으로 표기되어 있어서 오늘날 대부분의 역사가는 이것이 캔터베리나 윈체스터에 있는 작업실에서 만들어졌을 거라고 생각한답니다.

* 태피스트리는 사람이 틀로 직접 짜거나 기계로 짜는 방식이다. 자수품은 직물에 바느질을 하는 방식이다.

잉글랜드의 왕좌를 두고 여러 명이 왕위 승계를 주장했어요.

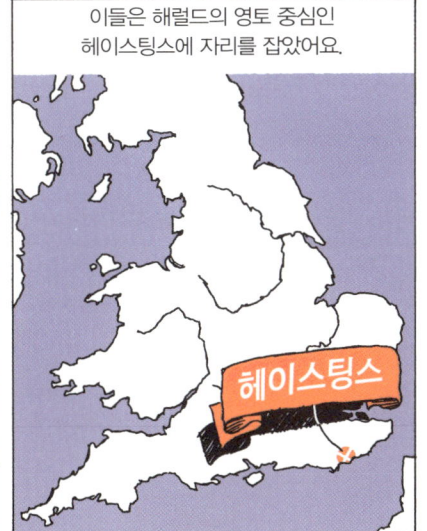

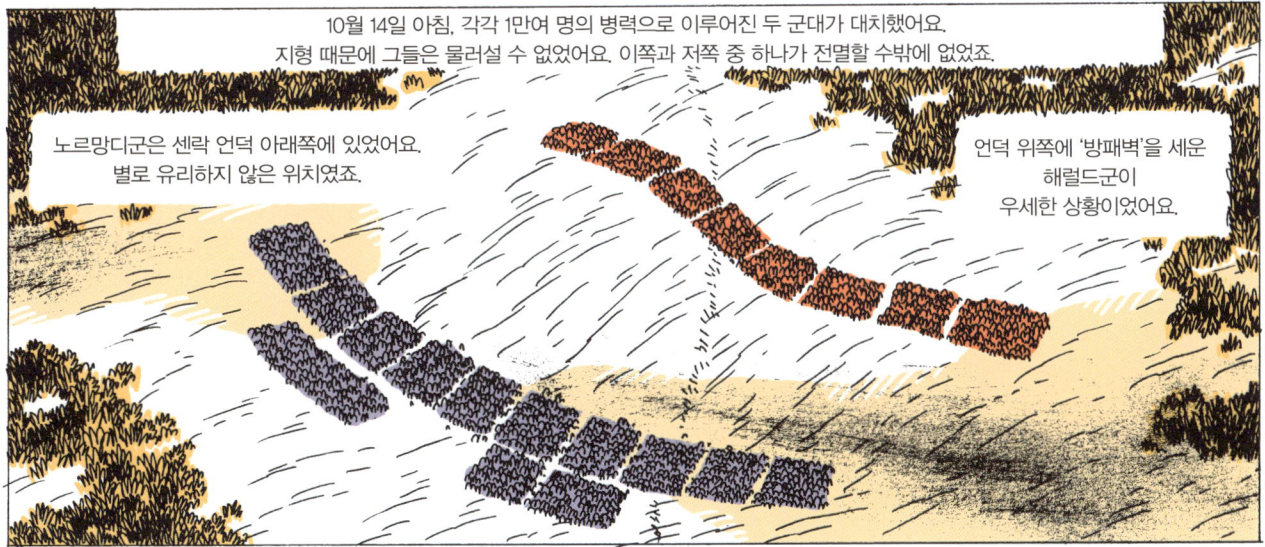

노르망디군은 다수의 기병 그리고 궁수와 일부 쇠뇌 사격수로 이루어졌어요.

잉글랜드군에는 기병이 없었고, 궁수 대부분은 노르웨이와의 전투에서 목숨을 잃었어요.

양쪽 군은 모두 장검과 아몬드 모양의 방패, (일부 부유한 사람들은) 쇠사슬 갑옷으로 무장하고 있었어요. 게다가 잉글랜드군은 긴 도끼도 가지고 있었지요.

잉글랜드군은 방패벽 뒤에 결집해 있었어요. 노르망디군은 돌파구를 찾으려 애썼지요.

기욤은 '위장 후퇴' 전술을 쓴 것으로 보여요. 해럴드군은 도망치는 척하는 적군을 뒤쫓으면서 반격당하기 쉬운 상황에 놓이게 됐지요.

해가 질 무렵, 해럴드는 전사했어요.

잉글랜드군은 도망쳤어요. 밤이 되자 기욤은 승리를 거뒀어요.

전투는 예닐곱 시간 정도 걸렸던 것으로 보여요. 중세에서 가장 오래 치러진 전투이자 전사자가 가장 많았던 전투 중 하나였지요.

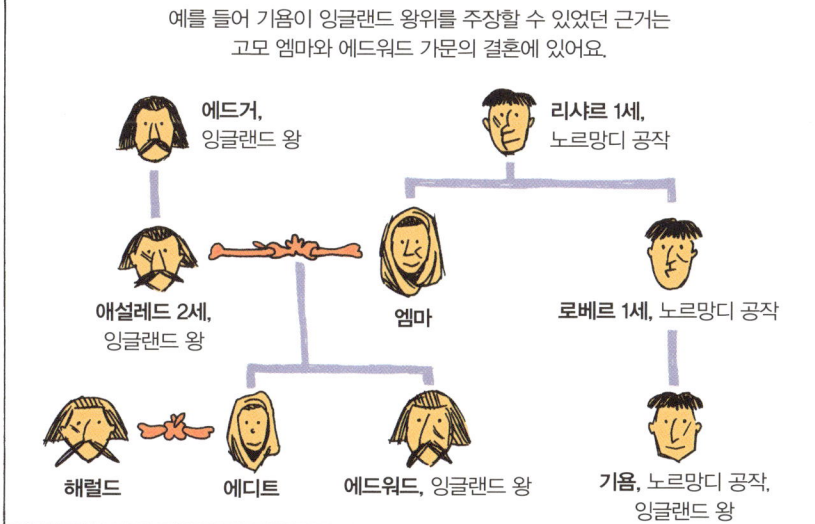

심야 대토론

CHAPTER 4 여성들은 어디에 있는가?

진행자 라울

안녕하십니까? 심야 대토론에 오신 것을 환영합니다. 오늘 저녁 다룰 주제는 '여성들은 어떤 역할을 하는가?'입니다.

첫 번째 초대 손님은 조프루아 수도원장님입니다. 수도원장님은 수도원에서 지내시며 남자들로만 이루어진 교단을 운영하고 계십니다.* 여성에 대해 어떤 의견을 갖고 계시지요?

제 의견은 간단하고 명료합니다. 여자들은 무능해요.

오, 흥미로우면서도 강력한 의견입니다. 조금 더 말씀해주실 수 있나요?

물론이죠. 먼저 여자는 남자로부터 파생된 부차적 피조물입니다.

이 사실은 아주 명백합니다. 창세기에서 여자는 남자 다음에, 남자로부터 창조됐어요.

* 조프루아, 1093~1132년 사이 방돔 트리니티 수도원장

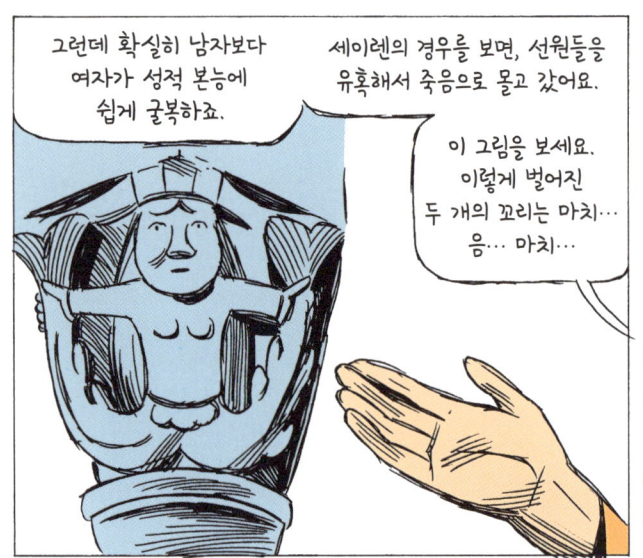

* 북프랑스에서는 오일어를, 남프랑스에서는 오크어를 사용했다. 두 언어 모두 수많은 방언이 있다.

* 마르카브뤼(1110~1150)의 시 ** 세르카몽, 12세기 초중반

이는 또한 새로운 궁정 문화와 새로운 관습의 시작이었어요.

원래 기사도는 힘과 다소의 과격함을 바탕으로 했지만 이제는 아름다운 언어도 구사할 줄 알아야 했어요.
아름다운 시를 쓰는 것이죠.

이제 기사도는 여성들과도 관계가 있었답니다. 트루바두르와 트루베르의 관객은 남자 여자가 섞여 있었어요.
트릭트랙*처럼 남녀가 함께하는 게임이 나타난 것도 당시의 시대상을 반영하죠.

또한 여자는 남자들에 대해 어느 정도 사회적, 교육적인 역할도 했어요.

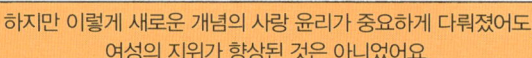
하지만 이렇게 새로운 개념의 사랑 윤리가 중요하게 다뤄졌어도 여성의 지위가 향상된 것은 아니었어요.

맞아요. 세속 귀족과 교회 사이의 경쟁이 중요한 문제였죠.
보통 궁정식 사랑은 남자 주인공이 주로 자신보다 더 강한 권력을 가진 영주와 결혼한 여자를 사랑하는 불륜을 다루고 있어요.

당시 귀족들에게 결혼은 혈통을 지키는 수단이었죠. 사랑과 육체적 관계는 귀족들의 결혼과는 상관없는 이야기였답니다.

* 두 사람이 하는 보드게임. 자케, 백개먼과 유사하다.

* 아키텐 공작 기욤 9세의 시, 최초의 트루바두르로 여겨진다.

CHAPTER 5 그레고리오 개혁 @ 정치 혁명

"아름다운 이야기를 하나 들려드리죠."

옛날 옛적 프랑크 왕국에 카페 왕조의 필리프 1세가 살고 있었어요.

그는 플랑드르 백작과 동맹을 맺으려고 네덜란드의 베르트와 결혼했어요.

그들에게는 딸 하나와 잘생긴 아들 넷이 있었는데 이들 중 한 명은 훗날 '뚱보왕' 루이 6세가 된답니다.

"뭐라고?"

어느 아름다운 날, 필리프 1세는 젊고 아름다운 베르트라드와 정열적인 사랑에 빠지게 돼요.

하지만 슬프게도 그녀는 이미 앙주 백작 풀크와 결혼한 상태였어요.

풀크는 여러 번의 결혼으로 많은 동맹을 맺었어요.

필리프 1세는 망설이지 않고 베르트와 일방적으로 이혼해버렸어요.

이어서 그는 모욕과 수모를 당한 풀크 백작으로부터 베르트라드를 데려왔어요.

필리프 1세와 베르트라드는 곧 결혼했답니다. 베르트라드는 결혼하자마자 왕비의 자리에 올랐어요.

* 성경에서 이세벨 여왕은 남편을 신으로부터 갈라놓는 악행을 저지르는 (이스라엘 사람이 아닌) 외국인이다.

관건은

성직자의 권한이 세속 귀족 계급보다 우위를 차지하는

것이었어요.

점차 법의 위계에 대한 개념이 자리 잡아가면서 교회법은 다른 모든 법보다 우위에 섰어요.

왕을 포함한 세속인들의 권위는 약해졌지요.

교회의 도덕적, 정치적 통제 아래 있는 모습을 잘 보여주는 것이 바로 대관식이죠.

교회는 교단과 성직자들에 대한 세속인들의 영향력을 제한하려 했어요.

세속인들의 권력은 기독교인들의 구원을 방해하는 죄악입니다.

과거에 성직자 임명 대가로 낸 돈과 기부금은 성직자를 타락시키는 돈이지요.

같은 가문 안에서 성직자의 직책을 물려받는 것 또한 비난받았어요.

수도원장직, 특히 주교직 지명과 임명*은 성직자와 백성들에게 돌아가야 할 일이었어요. 음, 특히 성직자가 맡아서 해야 할 일이었죠.

아니, 그 정도면 충분하지 않나요? 주교도 임명하지 못하면 우리 꼴이 어떻게 되겠어요?

* 지명은 여럿 중 한 성직자를 지정하는 것이며, 임명은 지위를 맡기는 것이다.

* '뛰어난 학자' 헨리 1세, 잉글랜드 왕, 노르망디 공작

이렇게 그레고리오 개혁은

세속인들과 성직자들의 권력 관계에서

정치 질서를 완전히 바꿔버린

중요한 변화였어요.

하지만 그레고리오 개혁은 이게 다가 아니었어요.
권력 다툼 외에도 다음과 같은 일들이 있었지요.

CHAPTER 5 ⓑ 진정한 문화혁명 그레고리오 개혁

성도덕을 바탕으로, 성직자들과 세속인들을 구분하고 비교하는 방식으로 사회적 지위와 역할을 다시 생각해보게 됐어요.

"사실, 기독교 신자에는 두 부류가 있죠."

이브 드 샤르트르 주교님이시군요! 요즘 우리 꽤 자주 보는 것 같아요.

"맞아요, 제가 잘 아는 주제이기 때문이죠."

한 부류는 육체적 관계를 거부하는 성직자들, 독신자들, 금욕적인 생활을 하는 사람들 또는 성관계를 가져본 적 없는 여자들이에요.

다른 부류는 육체적 관계를 하는 세속인들, 결혼을 했거나 할 예정인 사람들이죠.

이 모든 것은

교회의 지배를
전례 없이 강화했어요.

* 72쪽 참고 ** 구약성경에 따르면 히브리 민족이 예루살렘 성전에 바쳤던 십일조에서 직접적인 영감을 얻음.

그 결과 1050년경부터 석재로 짓고 섬세한 장식으로 꾸민 대규모 교회 건축물이 늘어났어요.

예를 들어 세 번째로 다시 지어진 클뤼니 수도원 성당(1120~1130년경), 여기 그림에 나와 있는 콩크 수도원 성당(1100~1110년경), 오툉 대성당(1130~1135년경), 샤르트르 대성당(1140~1150년경)의 정면 건축 양식이 있지요.

콩크 수도원 성당 정문 상단의 조각과 오툉 대성당에 있는 '이브의 유혹' 조각에서 볼 수 있듯이 이때부터 다시 웅장한 조각품도 꽃피기 시작했어요.

이때가 바로

로마네스크 미술의 황금기라고

할 수 있지요(부분적으로 고대 로마 미술을 모방했기 때문이에요).

Chap. 6 예루살렘 정복을 위하여

1095년 11월 27일, 교황 우르바노 2세는 클레르몽 공의회에서 다음과 같이 호소했어요.

"오, 신의 형제들이여! 여러분의 용기를 보여줄 수 있는 신과 관련된 일이자 최근에 밝혀진 사건이 있습니다.*"

"이미 여러분의 도움을 자주 요청한 바 있는 동방 국가에 살고 있는 그대들의 형제들을 도와주십시오."

"아마 여러분 중 대부분은 이미 알고 있듯이, 페르시아에서 온 튀르크족이 우리 형제들의 국가를 침략했습니다."

"튀르크족은 교회를 파괴하고 신의 왕국을 약탈하고 있습니다."

"만약 이대로 가만히 있으면 더욱 많은 신의 독실한 신자들이 이 침략의 희생자가 될 것입니다."

* 설교를 참관한 것으로 추정되는 푸셰르 드 샤르트르가 몇 년 후에 다시 옮겨 쓴 호소문이다.

무장을 한 채 예루살렘에 순례를 가는 십자군은

새로운 발상처럼 보일 수도 있지만, 사실은 오랜 시간을 거쳐 다듬어진 사고방식의 결과물이었어요.

초기 기독교는 평화주의를 바탕으로 했던 반면, 315년에 콘스탄티누스 1세가 기독교로 개종을 하고, 380년에 테오도시우스 1세가 기독교를 국교로 선포하면서 기독교는 변화를 겪게 됐지요.

외국의 이교도로부터 기독교 국가인 로마제국을 지키기 위해 수많은 기독교 신자들이 맞서 싸우는 것을 허용할 뿐만 아니라 장려하는 바이다.

5세기에 성 아우구스티누스는 이러한 사상을 이론화했어요.

'정의로운 전쟁', 즉 정당한 전쟁인가에 대해 다뤘죠.

전쟁은 합법적인 권한에 의해 선포되어야 하며, 기독교 신자들과 그들의 토지를 보호하거나 적으로부터 이 토지를 되찾기 위함이어야 합니다.

샤를마뉴 대제는 교황과의 동맹에 따라 778년, 스페인의 이슬람교도들과 전쟁을 치르러 떠났어요. 이후 그의 아들 루이는 790년부터 800년대에 여러 전장을 누볐어요.

네, 맞아요. 더 이상 방어를 위한 전쟁이 아닌 정복을 위한 전쟁이었죠.

하지만 전쟁을 신성하게 만든 것은 바로 전쟁의 종교적 성질이었어요. 우리는 이슬람교도들이나 이교도들에 맞서거나 교황을 지키기 위해 싸웠어요.

9세기 중반, 교황 레오 4세는 군사들에게 천국을 약속했어요.

진실과 신앙심을 위해 그리고 기독교 신자들을 지키기 위해 전투에서 목숨을 잃은 자들에게 천국을 약속합니다.

75

* 시비토는 오늘날 터키에 있는, 니케아 근처의 군대 야영지다.

마침내 예루살렘 앞에 다다랐을 때 남아 있는 군사들의 수는 얼마 되지 않았고 다들 기진맥진한 상태였지요. 1099년 7월 15일, 예루살렘이 점령되고 약탈당했어요.

그럼 이제는요?

음, 앞으로 뭘 할지는 잘 모르겠어요. 에데사 백작령을 시작으로 새로 만들어진 봉건 공국이 꽤 있어요.

그런데 지금은 예루살렘 왕국이 없네요.

네. 성직자는 어떤 왕도 예루살렘을 통치할 수 없다고 여겼어요. 고드프루아 드 부용은 '성묘*의 수호자'라는 지위에 만족해야 했죠.

하지만 고드프루아의 형제이자 에데사의 왕자였던 보두앵 1세는 1100년에 스스로 예루살렘의 왕좌에 올랐어요.

그게 뭐?

보두앵 1세는 다른 프랑크 공국에 대한 종주권을 주장했어요.

불로뉴 가문이 다스리는 에데사 백작령

이탈리아의 노르만인들이 통치하는 안티오크 공국

툴루즈 백작의 후손이 다스리는 트리폴리 백작령

비잔틴 제국

예루살렘 왕국

* 성묘는 예수의 무덤을 의미한다.

비블로스 성

예루살렘 성 안나 교회

이 모든 것은 **동방 국가**에 대한 **서방 국가**의 **새로운 권력**을 확인하는 결과를 가져왔어요.

지중해 국가는 200년 동안 라틴 민족의 군사적, 경제적, 종교적 지배 아래 놓였어요.

* 종려나무 가지를 흔드는 군중의 환호를 받은 예수의 예루살렘 입성을 기념하는 종려주일을 떠올리게 한다.

* 두 명의 프랑스 기사, 샹파뉴 귀족 출신인 위그 드 파앵과 플랑드르 출신의 고드프루아 드 생토메르가 결성함.

CHAPTER 7 L'IMAGINAIRE 상상의 세계

오르데릭 비탈

* 1091년에 위그 드 그랑메닐을 공격한 강력한 영주이자 오르데릭 수도원의 보호자

이 상상의 이야기 속에는 대중문화와 고급문화의 소재가 섞여 있어요.

신성 로마 제국의 오래된 신앙을 떠올리게 하는 '메니 헬캉'이라는 이름과 사제를 뒤에 숨겨주는 네 그루의 서양모과나무 그리고 영혼들의 메신저 역할을 하는 사제…

지옥에 떨어진 사람들의 행렬은 콩크 수도원 성당 정문 상단의 조각인 '최후의 심판' 같은 작품을 떠올리게 하죠.

죽은 자들의 군대는 세 그룹으로 이루어지는데 이는 상상 속의 봉건사회에 존재하는 세 가지 계급과 대응해요.

엄격한 윤리는 특히 기사들, 가난한 자들, 여자들과 관련이 있었어요.

영혼을 구원하려면 살아 있는 자들, 특히 수도사들의 기도가 필요하다는 사실을 떠올리게 했지요.

저승에 가서도 죽은 자들에게 또 다른 삶이 펼쳐진다는 생각이 바탕에 깔려 있죠.

어떤 자들은 평안을 얻으려고 이승에 다시 오는데 이들은 살아 있는 자들의 도움이 필요했어요.

죽은 자들이 조금만 덜 무서운 방법으로 도움을 청하면 좋을 텐데요…

자, 다른 이야기도 듣고 싶다고요?

마이제라는 섬에는 아주 아름답고 울창한 숲이 있는데 그곳에는 야생 동물들이 정말 많았어요. 숲은 넓은 늪지대로 둘러싸여 있었지요.

* 엠마는 카페 왕조의 조상인 로베르 가문의 자손, 외드 백작과 남매이다.

여기에는 사람이 아닌 것을 사람처럼 표현하는 경향이 깔려 있는데 예를 들어 12세기 말에 등장하는 《여우 이야기(Roman de Renart)》에서 이러한 의인화를 볼 수 있었지요.

이국적인 동물이나 상상 속에 존재하는 동물은 신성한 천지 창조를 다양하고 무한한 방식으로 표현할 때 이용됐어요.

너무 지나친 것 같은데.

여러 작품 속에서 '악'은 주로

그려졌어요.
인간은 신의 형상을 본떠 창조됐으며,
신의 형상이 아닌 모든 것은
악에 더 가까웠지요.

동물과 인간이 섞이거나 그리핀처럼 여러 동물이 섞인 괴물은 악을 나타냈어요.

교회에 조각된 많은 괴물은 모두 악마의 모습을 표현했지요.

가장 끔찍한 괴물은 혼합됐거나 모습이 변하는 존재였어요.

그렇기 때문에 교회는 가면, 가장 행렬, 카니발을 좋아하지 않는답니다.

이 모든 괴물 중에 늑대 인간이 가장 최악이었는데 이들은 밤에는 동물이 되거나 변신했어요.

오래전에 들은 이야기인데, 인간이 늑대로 변해서 숲속에 산다는 흔한 모험담이었어요.*

* 12세기 중반에 마리 드 프랑스가 늑대 인간에 대해 쓴 시(설화)를 바탕으로 한 비스클라브레의 이야기

* 자크 드 보라진, 《황금 전설(La Légende dorée)》, 1261~1266년경

종교적인 작품 속에서 비난받곤 하는

저주와 주술은

주로 불행으로 사람들을 구속하는 주문이며 남자와 여자 모두 저주를 내릴 수 있었어요.

* 중세 말, 15세기부터 마녀 재판과 죄에 대한 선고가 증가했다.

이러한 배경을 바탕으로 11세기와 12세기에는 두 가지 변화가 나타났어요.

교회는 상상계를 통제하겠다는 의지를 확고히 했어요.

우선 초자연적인 현상을 두 종류로 구분했지요.

1 경이로운 현상

두려움보다는 놀라움을 일으키는, 자연에서 일어나는 설명할 수 없는 상황을 뜻하죠.

해럴드의 대관식 날, 핼리 혜성이 나타나자 해럴드의 패배를 예언하는 불길한 징조라고 했죠.

2 기적적인 현상

예를 들어 성 제롬이 사자를 길들인 것처럼, 신이 했다고 여겨지는 설명할 수 없는 상황을 말해요.

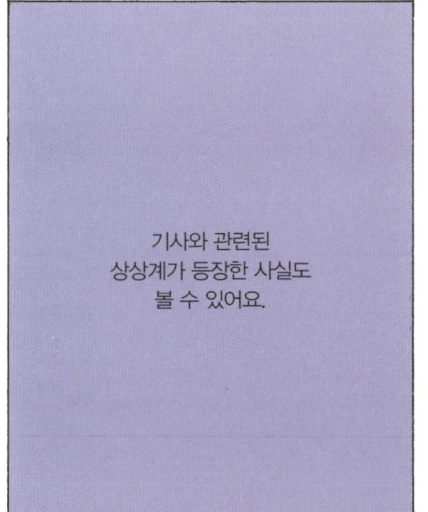

* 개인과 가문을 알아볼 수 있도록 해주는 상징적 언어

CHAPTER 8 농민들

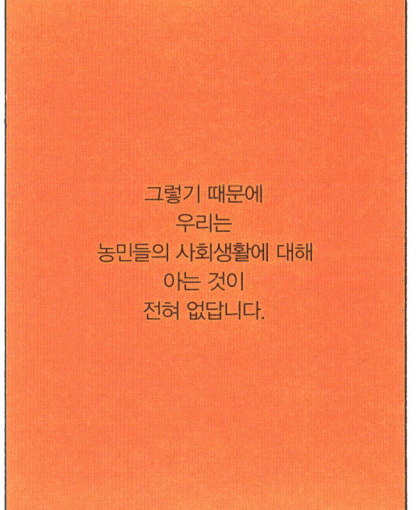

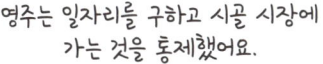

그럼 앞에서 약속한 대로
이제 농민들의

주거 형태와 거주민에 대해

이야기할 때군요.

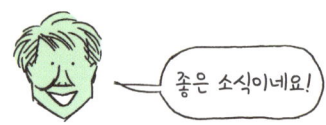

* 여기서 재현한 집과 마을의 모습은 석재를 주로 사용한 지중해 지역에는 해당하지 않는다.

"그리고 이곳은 주거 공간이에요." "어질러져 있어서 죄송해요. 오실 줄 알았으면 정리를 했을 텐데." "신경 쓰지 마세요. 지금 이 모습 그대로 완벽해요!" "집 안이 조금 간소한데 앞서 말했듯이 집에서 거의 지내지 않기 때문이죠."

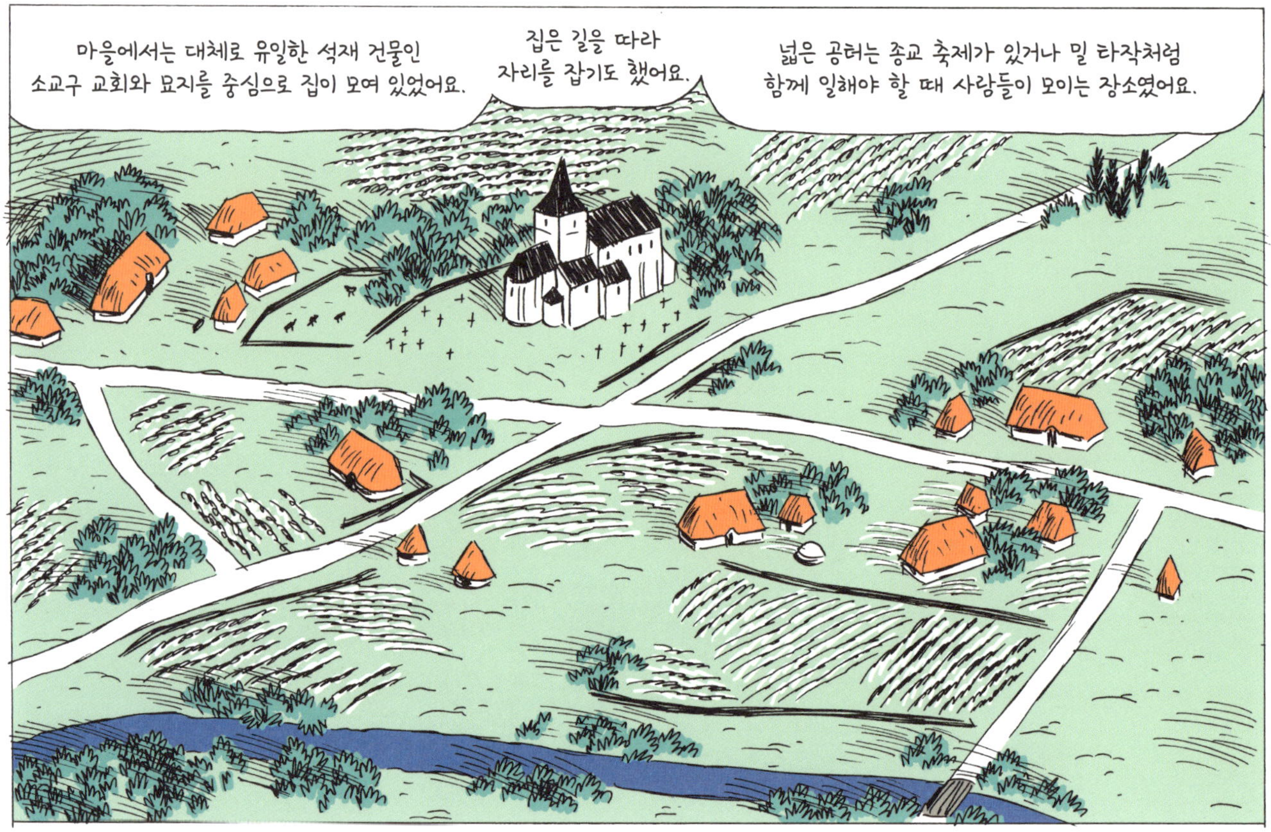

"마을에서는 대체로 유일한 석재 건물인 소교구 교회와 묘지를 중심으로 집이 모여 있었어요." "집은 길을 따라 자리를 잡기도 했어요." "넓은 공터는 종교 축제가 있거나 밀 타작처럼 함께 일해야 할 때 사람들이 모이는 장소였어요."

한 해는 중요한 작업에 따라
규칙적으로 흘러갔어요.

가을
: 포도 수확, 경작, 씨뿌리기…

겨울
: 포도나무 가지치기…

봄
: 경작, 씨뿌리기…

여름
: 수확, 풀 베어 말리기…

일상은 계절의 순환을 따랐는데 거의 아무것도 할 일이 없는 시기도 있었어요. 그럴 때는 채소밭을 관리하고 옷을 만들고 연장을 손봤지요.

그리고 이런 시기에는 종교 축제에 참가했어요.

종교 축제의 날짜가 그렇게 정해진 게 분명 우연은 아니었겠죠.

우연이라면 정말 대단한 거겠죠?

광주리, 나무 그릇, 연장, 울타리 등 거의 모든 것을 집에서 만들었어요. 가장 자주 만든 것은 빵이었어요.

수공업자는 없었나요?

거의 없었어요. 대장장이가 있었고 가끔 도기를 빚거나 밀가루를 만드는 사람들이 있었죠.

그리고 여자들은 양모로 실을 뽑아서 천을 짰어요. 또 염색도 했지요.

염색이요?

생활 환경에 대해

말하자면,
힘겹긴 했지만 여러분이 생각하는 것보다는
덜했을 거예요.

* 오늘날 '맥각 중독증'이라고 부르는 이 병은 호밀에 생기는 곰팡이 때문에 발생한다.

Chapter 9 도시의 급성장
URBAIN

처음부터 단도직입적으로 말하자면, 봉건사회는 시골과 농업을 바탕으로 이루어졌어요.

대략적으로 보면, 사람들은 시골에 살았고, 농산물을 생산했으며 이들의 생활과 사고방식의 흐름은 농업에 달려 있었어요.

도시는 그렇게 크지 않았고 인구의 대부분은 농민과 성직자였어요. 무엇보다 도시는 종교적이고 정치적인 역할을 했지요.

일반적으로 도시의 생존을 보호하는 것은 주교의 존재였어요.

도시 구조는 대부분 고대 갈로·로만 시대로부터 물려받았지요.

11세기와 12세기 초에는 고대 이후 처음으로 진정한 도시의 급성장을 겪게 되는데 다음과 같은 두 가지 특징이 나타났어요.

1
새로운 주변 구역이 빠르게 발전하면서 오래된 도시가 성장했어요. 큰 마을과 교외가 구도시 주위로 새로 생겨났어요.

2
이전의 구조에 추가되거나 인구가 밀집하면서 활력이 넘치는 새로운 소도시들이 성, 수도원 또는 작은 수도원 주위에 나타났어요.

도시의 성장은 여러 형태로 나타났어요.

투르 같은 구도시에서는

다음과 같은 모습을 볼 수 있었어요.

– 건물의 밀집화와 빈 땅(목초지, 밭)의 감소
– 주로 도시 밖에 지어진 수도원 주변으로, 오래된 성벽 밖에 있는 예배 장소와 큰 마을의 증가

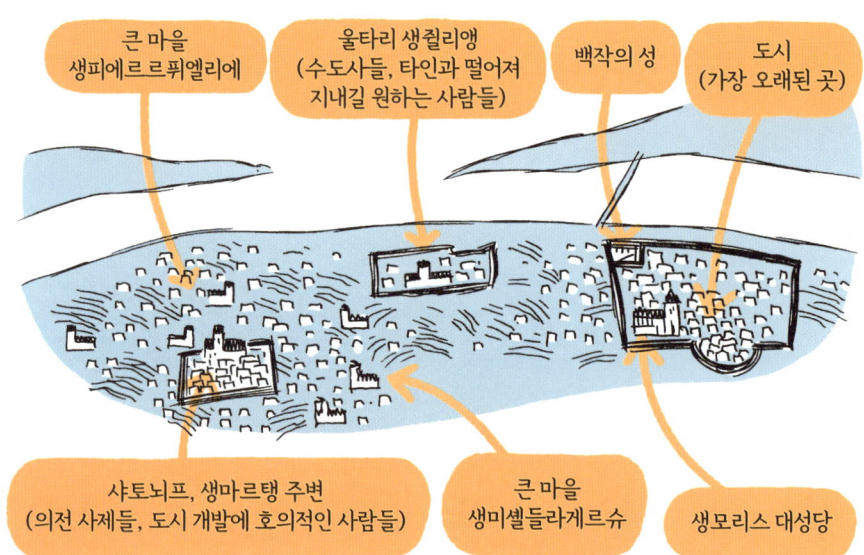

- 큰 마을 생피에르르퓌엘리에
- 울타리 생쥘리앵 (수도사들, 타인과 떨어져 지내길 원하는 사람들)
- 백작의 성
- 도시 (가장 오래된 곳)
- 샤토뇌프, 생마르탱 주변 (의전 사제들, 도시 개발에 호의적인 사람들)
- 큰 마을 생미셸들라게르슈
- 생모리스 대성당

따라서 새로운 구역을 둘러싸기 위해 성벽이 확장됐어요.

"이따금 옛 구역과 새로운 구역을 합치면서 새로운 성벽을 짓기도 했어요."

"일거양득이었죠!"

새로운 도시는

권력을 가진 영주의 성과 큰 수도원에 소속된 작은 수도원이 맺는 파트너 관계를 중심으로 가장 빈번하게 나타났어요.

이 경우, 둘은 시장 또는 장, 방앗간을 세우거나 수공업 활동을 발전시키기 위해 협력했어요.

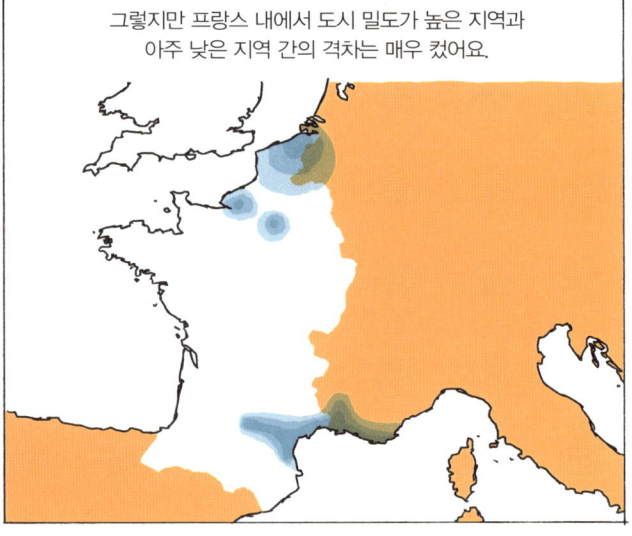

그렇지만 프랑스 내에서 도시 밀도가 높은 지역과 아주 낮은 지역 간의 격차는 매우 컸어요.

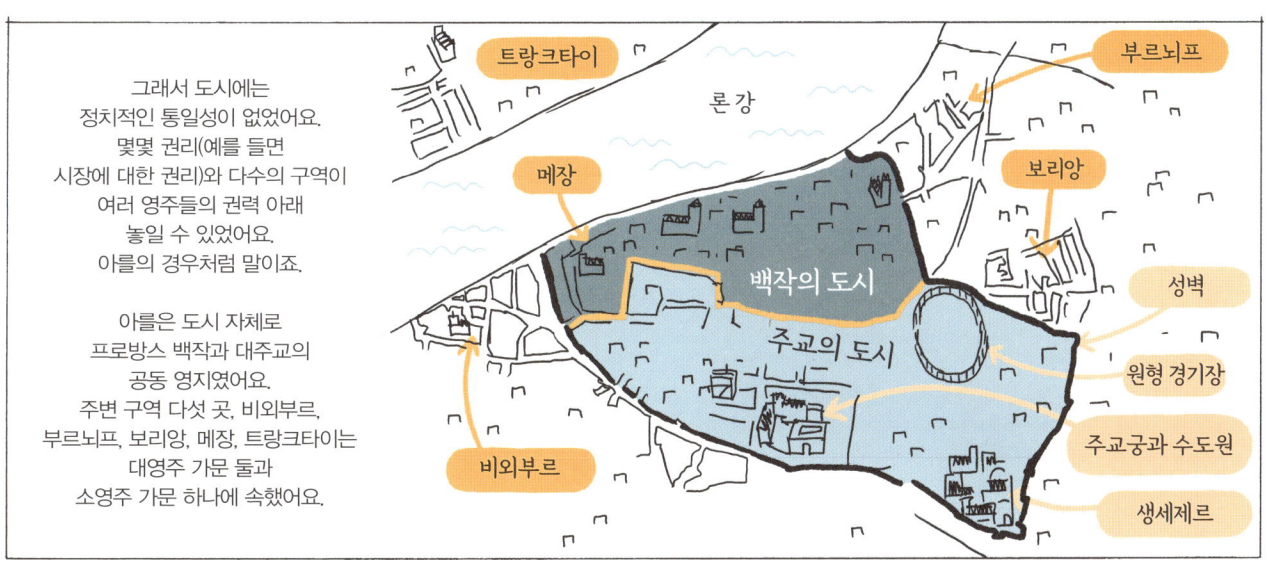

그래서 도시에는 정치적인 통일성이 없었어요. 몇몇 권리(예를 들면 시장에 대한 권리)와 다수의 구역이 여러 영주들의 권력 아래 놓일 수 있었어요. 아를의 경우처럼 말이죠.

아를은 도시 자체로 프로방스 백작과 대주교의 공동 영지였어요. 주변 구역 다섯 곳, 비외부르, 부르뇌프, 보리앙, 메장, 트랑크타이는 대영주 가문 둘과 소영주 가문 하나에 속했어요.

정치적인 관점에서는 서로 반대되는

두 가지 큰 변화를

볼 수 있어요.

그레고리오 개혁으로 왕실 또는 권력이 강한 영주들은 더 이상 주교를 임명할 수 없었어요.

그래서요?

그래서 구도시 내에서는 주교의 영지와 세속 영지가 분리되어 있었지요.

이거 참, 별로였겠네요.

세속 영주들이 우리보다 더 강해지도록 두지 않을 거예요!

예를 들어 마르세유를 보면, 주교의 구역과 자작의 구역이 있고 거기에 주변 구역을 추가했어요. 생빅토르 수도원에서 관리하는 구항구의 남부였지요.

봉건제도라고
말했나요?

농민과 기사, 영주와 가신, 수도원과 성으로 이루어진 봉건제도는
오늘날에도 여전히 상상을 불러일으키고 환상을 품게 한다.
비디오 게임이나 드라마뿐만 아니라 만화에서도 봉건제도의 일부분을 볼 수 있다.
그런데 우리는 '봉건제도'라는 단어가 내포하고 있는 의미를 과연 제대로 알고 있을까?
9세기 말부터 점차 모습을 드러낸 봉건사회는 정확하게 어떤 모습에 가까웠을까?

봉건제도는 평판이 나쁘다. 때로는 정부의 부재와 영토 분열, 달리 말하면 무질서와 폭력으로 평가된다. 이는 오늘날 소말리아나 아프가니스탄의 상황을 이야기할 때 떠올리는 '봉건적 무정부 상태'이다. 때로는 독단적인 행동을 주저하지 않는 지도층에 의한 권력 박탈, 달리 말하면 권력 남용과 불평등의 지배로 평하기도 한다. 오늘날의 시민 대부분에게 근대 국가는 그것이 왕정이든 공화정이든 봉건제도와 봉건사회의 불공정성에 반대하는 모습으로 그려질 것이다. 1789년 8월 4일 밤, 혁명가들은 '봉건제'를 폐지하며 더 민주적이고 평등한 새로운 사회의 탄생을 원하지 않았을까?

봉건제도 하면 나오는 이런 진부한 이야기들은 모두 틀린 말은 아니지만 그렇다고 다 확실하지는 않으며 일부는 고증 오류를 보이기도 한다. 그렇다면 이 모든 이야기를 약간 (봉건적으로!) 정리해보자. 10세기, 11세기, 12세기 봉건사회는 확실히 불공평했는데 세속 영주뿐만 아니라 고위 성직자가 다수의 농민을 지배하는 구조에 기반을 두고 있었기 때문이다. 하지만 그렇다고 완전히 무질서하거나 무정부 상태인 것은 아니었다. 권력자들이 왕의 지배권을 인정하면서 상하 관계를 맺고 엄격한 사회 질서를 지켰기 때문이다. 봉건 시대의 사회가 분할되어 있었던 것은 분명하다. 권력과 사회적 관계는 몇몇 교회와 마을 그리고 한두 채의 성을 따라 이루어진 장원으로 구성된 '작은 세상' 속에서 펼쳐졌다. 물론 가장 높은 권

력자였던 왕족과 영주, 주교와 수도원장은 원정을 나가거나 멀리 순례를 떠나기도 했다. 그러나 다른 이들에게 지평선은 성과 교회로 제한됐다. 그렇기 때문에 당연하게도 당시의 문헌에서는 이들을 자신의 물자를 얻는 농지와 토지에 매인 '머무르는 사람들'이라는 의미의 라틴어 '마난테스manantes'에서 유래한 '농민manants'이라고 불렀다.

권력자들의 비즈니스

사실 '봉건제도'라는 단어는 여러 가지 의미를 띠며 역사학자들은 시대, 국가, 시류에 따라 때로는 이런 의미, 때로는 다른 의미를 중요하게 여긴다. 예를 들어《봉건제도란 무엇인가?Qu'est-ce que la féodalité?》라는 다소 간결한 제목을 붙인 유명한 책의 저자, 프랑수아루이 강쇼프François-Louis Ganshof(1895~1980)처럼 19, 20세기의 법제사적 시

각을 가진 역사학자들에게 봉건제도는 영주와 가신을 이어주는 법적이고 정치적인 모든 관계를 의미한다. 구체적으로 말하면, 가신으로 지명된 이는 영주로 임명된 이를 섬기는 대신 은대지bénéfice(라틴어로 베네피키움beneficium은 '선물'을 의미함) 또는 봉토fief(라틴어 페오feo 또는 더 대중적인 용어 페움fevum은 '대신 주어지는 재산'을 의미함)를 받았다. 이를테면 선물과 선물에 대한 선물 같은 방식이었다. 그 당시에 이미 사람들은 선물을 좋아했다.

가신이 지켜야 할 의무는 주로 군사적인 분야에 있었다. 가신은 1년 중 40일은 자신의 영주를 섬겨야 할 의무가 있었다. 이들은 전장('군역'의 의무)에 나가거나, 영주의 성 중 한 곳에 주둔했다(가신이 자신의 영주를 위해 영주의 성을 경비하는 의무). 가신은 영주의 궁정 활동에도 참석해야 했다. 영주에게 조언을 아끼지 않고, 영주가 분쟁을 조정할 때도 도움을 줬다(분쟁은 아주 많았다). 또한 가신은 영주에게 지출이 있는 몇몇 경우에 돈을 내야 했다. 영주가 딸을 결혼시키거나, 영주의 아들이 기사가 되었을 때, 십자군 원정을 떠나거나 포로를 석방시킬 때도 마찬가지였다. 영주가 자신의 가신에게 주는 보호 또한 주로 군사적인 분야에 머물렀지만, 사법적인 보호가 될 수도 있었다. 가신의 의무 대신 지급되는 봉토는 토지뿐만 아니라 이 토지에서 일하는 농민에게 영주가 부과하는 세금으로 이루어졌다. 가신은 봉토를 소유함에 따라 자신도 영주가 됐다. 가신 자신도 섬김을 받는 대신 아랫사람에게 땅을 주기 위해 자신의 봉토 일부를 떼어줄 수 있었다. 이러한 방식으로 누군가의 영주가 다른 이의 가신이 되기도 하는 봉건 계급을 구성했다.

이렇게 의무, 재산, 세금의 교환은 공적인 의식을 통해 형식을 갖춰나갔다. 문서는 거의 쓰지 않았는데, 말과 행동이 더 마음속에 남아 정신을 구속했기 때문이다. 가신은 자신의 영주에게 충성을 맹세하고

이 맹세에 자신의 신념과 명예를 걸었다. 이러한 맹세는 그에게 성스러운 가치를 지닌 성물 또는 복음서를 두고 이루어졌다. 맹세를 깨는 자는 불충을 저질렀다는 비난을 받는 동시에 공개적인 불명예를 안았다. 그래서 노르망디 공작 기욤은 이 책의 3장에서 본 것처럼, 해럴드가 서약을 깼다고 비난하며 그의 권위를 떨어뜨리려고 했다. 가신은 경의를 표할 수도 있는데, 다시 말해 복종을 나타내기 위해 영주의 발아래 무릎을 꿇고 두 손을 모아서 영주의 손 사이에 뒀다. 영주는 수여의 표시로 가신에게 봉토의 상징적 물체(막대기, 흙덩어리)를 주기도 했다. 혹은 봉토를 이루는 토지에서 가신과 말을 타고 달렸다. 이는 봉토 내의 병력 상황 점검을 의미했다.

이러한 관계의 기원은 8~9세기 카롤링거 왕조 시대에서 찾을 수 있다. 바로 이 시대에 프랑크 사회의 중심에서 '추천'이라는 관행이 나타났다. 이를 통해

충직한 자는 그가 섬겨야 할 의무가 있는 권력자의 보호 아래 있었다. 이후 이어지는 3세기를 특징짓는 것은 센 강과 라인 강 사이의 지역을 넘어서까지 확산된 '추천' 관행과 관련이 있다. 그리고 이러한 개인적인 추천부터 봉토 획득까지 이어지는 체계적인 상부상조와도 관계가 있다. 그렇기 때문에 이 시대에서 이야기하는 관계란 더 이상 사람과 사람의 관계가 아닌 주군-가신 관계를 말하는 것이다. 사실 대부분의 경우, 가신은 그가 이미 과거에 자유롭게 소유하고 있었던 재산을 봉토로 받았다. 자신이 갖고 있던 토지의 지위만 바뀐 것이다. 하지만 가신은 이 과정에서 중요한 것을 얻었다. 바로 영주의 보호와 결속 및 상호 의존 조직으로의 편입이었다.

따라서 주군-가신 관계는 전쟁 참여, 토지 소유, 농민에 대한 지배 행사를 통해 긴밀하게 맺어졌다. 그 결과, 이러한 관계는 특히 세속 귀족과 관련됐다. 이론상으로 성직자는 무엇이든 피를 흘리게 하는 무기를 사용하면 안 됐기 때문이다. 하지만 그렇다고 해서 주교나 일부 수도원장과 같은 고위 성직자들이 무기를 동원하는 것을 막을 수는 없었다. 이들은 대부분 권리 대리인이라고 부르는 세속 대리인의 중재를 이용했다.

영주 계급

법제사적 관점을 중요시한 역사학자들과는 달리, 마르크 블로크Marc Bloch(1886~1944)나 조르주 뒤비 Georges Duby(1919~1996)처럼 사회사적 시각을 가진 역사학자들은 이러한 주군-가신 관계만으로 전반적인 봉건사회를 서술하기는 충분하지 않다고 여겼다. 우선, 주군-가신 관계가 모든 곳에서 나타나지는 않았기 때문이다. 10세기에서 11세기에 프로방스나 부르고뉴와 같은 다른 여러 지역에서는 아직 주군-가신 관계가 존재하지 않았다. 하지만 무엇보다, 블로크와 뒤비, 그리고 이들의 입장을 계승한 학자들은 주군-가신 관계가 권력자들에게만 국한된다고 여겼다. 반면 봉건사회의 기반은 이러한 권력자들과 영주, 가신이 뒤섞여 사회의 나머지 모두를 지배하는 세상이라고 봤다. 사회사적 역사학자들의 시각에서 봉건사회는 무엇보다 영주를 중심으로 이루어진 사회였다.

**부역, 세금, 통행료, 사용료, 통제…
영주의 지배 아래에서
하층민의 삶은
결코 순탄하지 않았다.**

10세기, 11세기, 12세기의 전형적인 농촌 사회에서 경제 활동은 사람과 토지 관리를 통해 이루어졌다. 영주는 세속 영주이든 고위 성직자이든 간에 토지 대부분을 소유했고, 작은 땅을 가지고 여기저기서 겨우 생계를 이어가는 몇몇 농민으로부터 어느 정도의 돈을 받았다. 따라서 농민 대다수가 하나 또는 여러 명의 영주로부터 토지를 받았다. 농민들이 토지를 경작하려면 노동을 제공하고(부역), 각종 사용료 형태로 수확물과 수입 일부를 1년 내내 바쳐야 했다. 게다가 가장 가난했던 농노들은 개인의 자유마저 제한적이었다. 예를 들어 농노는 자녀에게 재산을 물려줄 수 없을뿐더러 재산을 팔 수도 없었다. 또한 농민들이 밀가루, 빵, 기름이나 포도주를 만들 수 있는 대형 농업 장비(방앗간, 화덕, 압착기)를 사용하려면 영주에게 의존할 수밖에 없었다. 영주는 농민들이 시장이나 큰 장에 가는 것을 규제했고 세금을 부과했다. 농민들은 상인들과 마찬가지로 다리와 냇물을 건너거나 마을 입구에서 일부 길을 이용할 때 영주가 부과하는 통행료를 내야 했다. 영주는 농민들이 가축을 방목하거나 연장을 만들고 건물을 짓기 위해 꼭 필요한 숲, 황야, 늪지대, 황무지 같은 미개간지를 이용하는 것을 번번이 제한했다. 영주의 지배 아래에서 하층민의 삶은 결코 순탄하지 않았다고 해도 과언이 아니다.

가장 강력한 힘을 지닌 영주들은 성의 주인이었다. 이들은 '구속력'과 '재판권', 즉 죄를 지은 사람을 구속하고 재판할 수 있는 권한을 가지고 있었다. 기사들에게 둘러싸여 질서와 평화를 유지하는 자들이 바로 영주들이었다. 사실 이것은 영주들을 위한 질서와 평화였다. 농민들은 영주의 법원 앞에서 분쟁을 해결했고, 영주에게 벌금을 냈다. 영주들은 살인이나, 방화, 강간 같은 중범죄를 처벌하기 위해 사형을 집행할 수 있었다. 성의 그늘진 곳에는 곧잘 교수대가 음산하게 놓여 있었다.

> **성의 풍경은 말 그대로
> 하층 계급을 발아래 둔
> 영주의 지배를 보여주고 있다.**

마을 주민들은 장원을 벗어날 수 없었다. 집과 도로 또한 영주의 손안에 있었고 이를 이용하려면 사용료를 내야 했다. 장사나 수공업에서도 마찬가지였다. 힘을 가진 영주들은 모든 상거래 활동에 없어서는 안 될 도량度量과 화폐 주조까지 관리했다. 영주들은 수확 직후, 물가가 여전히 높을 때, 자신의 농작물을 먼저 판매하는 우선권을 가지기도 했다. 요컨대 도시 영주들과 시골 영주들의 유일한 차이점은 일반적으로 도시 영주들이 더 높은 지위에 있었다는 것이다. 도시의 영주들은 주교, 백작, 공작, 심지어 왕이기도 했다.

영주는 장원 전체의 모든 농지를 소유할 수 있었다. 하지만 장원은 봉토로 이루어질 수도 있었다. 귀족 계급 내에서는 장원이나 장원의 일부를 재분배할 때, 재산을 상속받는 결혼 동맹보다 주군-가신 관계를 이용하는 것을 더 선호했다. 권력자들이 농민들에게 권한을 행사하는 장원은 봉건사회를 구성하기 위한 권력자들 간의 주군-가신 관계로 이루어졌다.

성과 사람들

중세를 상상하는 우리에게 성은 중요한 자리를 차지하고 있다. 그런데 성이 항상 존재했던 것은 아니다. 실제로 10세기에서 12세기 사이에 확산한 성은 영주가 지배하는 중심지라는 인상을 주었다. 고고학을 통해 밝혀진 것처럼, 성은 매우 다양한 형태를 띤다. 성의 크기와 밀도는 지역마다 차이가 있지만 모든 성은 수직 구조를 추구했다는 공통점이 있다. 자연적으로 높은 곳이나 인위적으로 쌓은 흙더미 위로 우뚝 솟은 망루와 큰 탑은 모든 성에 나타나는 유사점이다. 멀리서도 보이는 성의 풍경은 말 그대로 하층 계급을 발아래 둔 영주의 지배를 보여준다. 게다가 성직자와 세속인들 사이에 어떤 경쟁이 펼쳐지기도 했다. 주로 수도원이 처음으로 성을 방어하는 역할을 했는데, 세속의 탑은 교회의 종탑과 높이 경쟁하려 했다. 대부분의 성은 목재로 지어졌는데 석재는 11세기부터 특히 중앙 지중해와 프랑스 서쪽 지역에서 널리 쓰였다. 성은 외지인들도 영주가 살고 있는 건물과 농민들의 집을 잘 구별할 수 있게 해줬다. 당신이 어디에 살고 있는지 말하면 당신이 어떤 사람인지 알 수 있었다.

주로 농민들이 부역의 일환으로 지은 성은 기사들로 붐볐다. 어떤 기사들은 성안에 거주했고, 다른 기사들은 가신의 의무를 해야 할 때만 성에 머물렀다. 또한 성에는 영주도 거주했기 때문에 대연회장

봉건사회에서 성城이 아주 중요한 역할을 했다는 사실은 권력자들이 자신의 이름을 짓는 방식을 통해 명백하게 드러난다. 이름의 변화가 얼마나 중요했는지는 역사학자 모니크 부랭Monique Bourin이 사용한 '인명人名 혁명'이라는 표현에서 알 수 있다. '인명 혁명'이란 무엇을 뜻할까? 지난 수 세기 동안 권력자들은 하나의 고유한 이름만 지녔지만, 11세기부터 이들은 자신의 이름에 성으로 이루어진 주요 장원의 이름을 결합시켰다. 예를 들어 엉게랑 '드 쿠시'Enguerrand 'de Coucy', 기 '드 뤼지냥'Gui 'de Lusignan', 베르트랑 '드 보'Bertrand 'de Baux', 위그 '드 베르제'Hugues 'de Berzé'라는 이름을 붙였다. 왕과 제후, 성직자들만이 계속해서 고유한 이름을 사용했고, 자신의 이름에 지위를 결합시켰다. 이는 여성들도 마찬가지였는데 인명 혁명은 무엇보다 성을 상속받는 남성들에게만 해당됐기 때문이다. 남자 형제가 없는 여성은 아버지의 성을 물려받을 수 있었지만, 금방 남편이나 아들들에게 다시 물려줘야 했다.

전쟁, 힘, 용기가 그 무엇보다 높이 평가받는 사회에서 여자들은 소외될 수밖에 없었다. 음유시인, 트루바두르와 트루베르가 여성들에 대해 노래하긴 했지만, 여자들은 이 사회에서 좀체 눈에 띄지 않았다. 프랑크 시대에 비해 여성들은 유산의 가장 적은 부분을 받았다. 또한 여자들은 배우자로부터 독립하기가 점점 더 어려워졌다. 그러나 남자들은 동맹을 바꾸고 싶거나 아내가 후계자인 아들을 낳지 못하면 일방적으로 이혼했다. 봉건사회는 여성에게 가혹했다.

한 사회에서 다른 사회로

우리는 어떻게 프랑크 사회에서 봉건사회로 넘어갔을까? 8세기에서 9세기에, 카롤링거 왕조는 교회와 프랑크 귀족 계급의 도움을 받아 유럽 내 상당한 지역을 정복한 강력한 왕권을 구축했다. 그리고 어

과 예배당이 있었다. 성은 영주가 가족들과 살며 국정을 운영하고, 농민들이 권력자에게 인사하러 오거나 일부 사용료를 바치러 오는 장소였다. 따라서 성은 권력자들에게는 삶이자 농민들에게는 지평선 같은 존재였다. 성은 한 영토 내에서 귀족 계급의 지배와 성을 따라 이루어진 장원이 뿌리내려 정착하는 모습을 잘 보여줬다.

이러한 정착은 지속됐다. 봉건사회는 세습 사회였고 계층 이동 가능성은 희박했다. 이때부터 권력 세습이 성을 상속받는 방식으로 이루어진 것은 어찌 보면 당연했다. 권력은 곧 군사력이었기에 권력 세습은 특히 남자 자손, 아버지에게서 아들로 행해졌다. 주로 장남이 우선시됐지만, 일반적으로 다른 형제들도 소홀히 하지 않았고, 성직자가 되지 않은 형제들에게는 다른 작은 성을 주려고 했다. 형제들끼리 사이가 나쁜 것만큼 최악인 일은 없었기 때문이다.

고 여겼다. 그리고 이는 '봉건 변혁' 또는 '천 년의 혁명'이라고 주장했다. 오늘날, 우리는 더 이상 정말로 이러한 위기가 존재했다고 생각하지 않는다. 이러한 위기를 서술했다고 다루어지는 수도사들의 글은 교회가 다스린 장원에서 일어난 선행을 더욱 찬양하기 위해 세속 영주들의 악행을 언제나 지체 없이 고발하는 편향적인 면을 보였다고 여겨진다. 한편 사료가 매우 드물긴 하지만 역사학 연구에서는 성과 기사단의 중요성과 같은 11세기와 12세기 사회의 여러 특징이 실제로 10세기부터 존재했다는 점을 강조하고 있다.

떤 면에서 고대 말의 기독교 로마제국을 잇는 엄격한 정치적, 종교적 질서를 확립했다.

800년, 샤를마뉴 대제와 교황은 심지어 서방 제국을 되살려냈다. 바로 엑스라샤펠을 수도로 삼은 프랑크 제국이었다. 843년, 카롤링거의 세상은 샤를마뉴 대제의 후손들이 다스리는 여러 왕국에서 계속됐다.

카롤링거의 세상과 봉건사회 사이의 과도기와 관련된 문제는 많은 논평과 논쟁을 불러일으켰다. 조르주 뒤비의 뒤를 이은 프랑스 역사학자들은 카롤링거 체제가 사실상 사회 및 정치적 위기를 계기로 10세기와 11세기의 전환점에서 갑자기 붕괴되기 전, 10세기 말까지 지속됐을 것이라고 오랫동안 생각해 왔다. 왕권 약화를 기회로 삼아 영주들은 성을 세우고, 폭력과 제약으로 자유농민과 교회를 구속하면서 새로운 봉건 질서를 받아들이도록 했을 것이라

바이킹과 마자르족, 사라센족의 침략은 위기의 원인보다는 하나의 결과 또는 카롤링거 사회의 위기를 악화시킨 요인이었다.

그런데 19세기와 20세기 초의 역사학자들은 9세기와 11세기 사이에서 볼 수 있는 변화를 침략의 새로운 흐름 때문이라고 생각했다. 이들이 중점을 둔 보수적인 견해를 다시 살펴볼 필요가 있을까? 19세기와 20세기 초 역사학자들에 따르면, 9세기에서 10세기에, 바이킹과 마자르족, 사라센족의 침략은 왕권의 무력함을 드러냈고, 교회를 약화시켰으며, 권력이 강한 영주들의 독립에 도움을 주는 혼란을 야기했을 것이라고 한다. 사실대로 말하자면, 이런 의견은 설득력이 없다. 카롤링거 사회의 위기는 무엇보다 내부 요인에 의해서 나타났기 때문이다. 9세

기 중반부터 황실이 분열되고 교회와의 긴장 관계가 형성됐다. 또한 정복 전쟁이 막을 내리고 지역 귀족들이 독립을 열망하면서 프랑크 제국의 단일성은 약화됐다. 따라서 바이킹과 마자르족, 사라센족의 침략은 위기의 원인이라기보다는 하나의 결과 또는 위기를 악화시킨 요인으로 드러났다. 특히 바이킹은 프랑크족과 복잡한 관계를 유지하고 있었고 일부는 프랑크 사회의 내부 권력 다툼에 직접적으로 관여했다. 한편 이교도와 불충한 자들이 저지른 침략은 왕보다는 귀족들이 교회와 기독교 신자인 백성들을 보호해줄 수 있는 더 큰 역량을 지녔다는 사실을 보여주는 계기가 됐다. 이로 인해 귀족과 성직자의 관계가 지역 내에 국한되는 결과를 가져왔다. 이렇게 혼란스러운 상황에도 불구하고, 이 시기에는 인구와 농산물 생산이 계속해서 비약적인 성장세를 보였다. 이러한 상대적인 번영은 권력자들의 구미를 당기게 했고 농민들은 그들이 가진 자원의 일부를 권력자들이 차지하는 상황을 비약적인 성장 덕분에 견뎌낼 수 있었다. 한편 권력자들은 농민들에게 더 많은 부역과 세금을 요구하면서도 그들의 지배를 더욱 강화하는 데 큰 어려움을 겪지 않은 것으로 보인다. 이 책의 8장에서 이야기했던 것처럼 농민들의 반란은 거의 알려져 있지 않다. 하지만 기사단과 성을 소유한 영주에게 반항하는 자들을 억압할 방법이 얼마든지 있었다는 사실은 인정해야 할 것이다.

공권력에 반하는 개인의 이익?

대부분의 사람들에게 봉건사회는 왕권으로 대표되는 공권력을 상대로 개인의 이익을 챙긴 영주들의 승리로 묘사된다. 국가를 각별히 아끼는 프랑스에서, 공화정 예찬론자들과 마찬가지로, 특히 왕정의 향수에 젖은 사람들은 19세기 이후로 봉건 영주들을 단순한 포식자라고 폄하했고 〈동 쥐앙Dom Juan〉에서는 '사악한 인간인 대영주'라고 비방했다.

그런데 이러한 시각은 시대착오적으로 보인다. 역사학자들은 여전히 카롤링거 왕권의 본질적인 성격을 두고 논쟁을 벌이고 있다. 카롤링거 왕권은 로마를 계승한 걸까, 아니면 게르만족의 전통으로부터 만들어진 걸까? 국가의 성격을 띨까, 아니면 씨족사회에 가까운 모습일까? 어느 쪽이 됐든, 카롤링거 왕조와 카페 왕조는 언제나 고위 귀족 및 고위 성직자들과 긴밀하게 협력하며 통치했고 자신들이 고위층 중에서도 가장 높은 신분이라고 여겼다. 무엇보다 카롤링거 시대부터 권력자들은 개인적인 성질(가족의 도움, 후견주의 이용, 선물 교환…)의 지배와 공적인 성격(왕에게 공식적으로 위임받은 권력 행사, 법 준수 등)을 띤 지배의 형태가 섞인 특권을 구분 없이 행사했다.

이렇게 두 가지 성질이 섞인 지배 형태는 봉건 시대까지 계속됐다. 987년, 위그 카페Hugues Capet의 쿠데타 이후에도 왕족과 영주들은 왕이 자신들의 특권을 제한하지 않는 한, 왕조의 정당성과 대관식의 위엄으로 세워진 왕의 지배권에 의문을 품지 않았다. 왕족과 영주들뿐만 아니라 왕들 또한 질서와 평화를 유지하고 교회를 보호하면서 귀족의 지위에 부합하는 '공적인' 의무를 자신들의 수준에서 완수했다고 여겼다. 봉건사회에서 폭력은 프랑크 시대보다 더 확산하지도, 더 거칠어지지도 않았던 듯 보인다. 명예의 의미와 귀족 간 결속은 두 시대 모두 같았다. 요컨대 주요한 변화는 공간의 성질을 띠고 있었다. 앞에서 봤듯이, 봉건사회에서 귀족의 권력은 땅에 뿌리박혀 있었다. 귀족의 권력은 성의 소유와 상속으로 나타났다. 이는 성 주변의 땅과 사람들에 대한 지배를 의미했다.

여기저기 교회가

기독교는 봉건 시대의 일상과 정치에서 중요한 역할을 했다.
수도사들은 그 수가 점점 많아지면서 자신들의 세계에 틀어박힌 채 잘 알려지지 않은
은둔자로 지내는 삶과는 멀어졌다. 그들은 사회에 큰 영향력을 미치는 중대한 위치를 차지했다.
당시 교회는 너무나 중요한 위치에 있었기 때문에
얼마 안 있어 세속 귀족의 권력에 의문을 제기하게 됐다.
그리고 점점 더 엄격한 도덕규범을 정해 모두의 행동을 제재하는 범위를 넓혀나갔다.

여기저기 교회가

10세기에서 12세기 사이는 봉건사회이자 무엇보다도 기독교 사회였다. 구체적으로 말하면 농민, 귀족, 여자, 남자 모두의 행동과 신념이 기독교의 영향을 크게 받았다는 사실을 의미한다. 그렇기 때문에 예를 들어 출생보다는 아이에게 '진짜 삶'과 교회에서의 자리, 즉 사회에서의 위치를 만들어주는 세례식이 더 중요했다. 죽음은 살아 있는 자가 죽어서 겪는 고통이 아니라 우선 저승의 입구에 가는 일이라고 여겨졌다. 아직 영혼의 운명이 정해지지는 않았지만 바로 천국(또는 지옥!)으로 가거나 일종의 영면 상태에서 마지막 날에 있을 그리스도의 찬란한 재림과 최후의 심판을 기다린다고 생각했다. 매일의 노동은 원죄로 인해 인류에게 내려진 벌이자 속죄를 가능하게 해주는 수단이었다. 파문, 즉 주교나 사제에 의해 예배에서 축출당하는 것은 기독교 교단에서 제명될뿐더러 사회 전체에서 추방당함을 의미했다. 이 책 51쪽에서 방돔의 수도원장 조프루아가 한 협박은 결코 가볍게 여길 일이 아니었다.

기독교의 이러한 영향력은 10세기에서 12세기뿐만 아니라 오래전부터 존재했고 고대 또는 프랑크 시대까지 거슬러 올라간다. 하지만 기독교의 영향력에서 벗어난 예외적인 경우도 있었다. 첫 번째 사례는 11세기 말, 제1차 십자군 원정 당시, 유대인 박해가 처음으로 일어나기 전까지는 기독교에 잘 동화된 듯 보였던 유대교 교단이 기독교의 영향력에서 빠져나간 것이다. 고대부터 유대교도들은 시골과 도시 모두에 존재했으며 기독교도들과 같은 활동을 할 수 있는 권리를 누렸고 주교의 보호를 받기도 했다. 두 번째는 일시적으로 기독교의 영향력에서 벗어난 예외적인 경우다. 911년, 바이킹은 '단순왕' 샤를이 하사한 센 강 하류에 정착했다. 이들은 곧 그들의 수장 롤롱을 따라 기독교로 개종했기에 잠시 동안만 기독교의 영향력에서 벗어나 있었다. 바이킹은 몇천 명 정도 수준이었으며 이들은 프랑크 사회에 빠르게 동화됐다. 기독교 문명화라고 부를 수 있는 이러한 현상은 봉건 시대뿐만 아니라 다른 시대에서도 폭넓게 나타났다. 이처럼 오랜 시기에 걸쳐 나타난 기독교 문명화는 역사학자 자크 르 고프Jacques Le Goff(1924~2014)의 뒤를 이은 일부 역사학자들이 4세기부터 18세기 말까지의 시기를 '장기 중세'라고 부른 것과 일맥상통한다.

10~12세기는 특별한 시기였다. 이 시기는 교회가 하나의 조직체로서 세속 권력으로부터 자립하고 정

치, 사회, 심지어 경제적 분야까지 전례 없는 영향력을 행사했다. 이러한 영향력은 우선 3세기 동안 수도원의 눈부신 성장을 통해 나타났다. 게다가 일부 수도원은 주교와 세속 귀족의 인습적인 지배로부터 벗어나고자 했다. 이 책의 이야기를 아키텐 공작 기욤 1세가 910년에 클뤼니 수도원을 건립하는 내용으로 시작한 것은, 이러한 움직임에 앞장섰던 곳이 클뤼니 수도원이었기 때문이다.

교회의 권력은 그레고리오 개혁을 통해 결정적인 단계를 넘어서면서 분명해졌다. 전통적인 관점을 가진 역사학자들은 그레고리오 개혁을 1049년에서 1122~1123년 사이로 두는데 그레고리오 개혁의 결과는 13세기 초까지 이어졌다. 1215년, 제4차 라테란 공의회에서 그레고리오 개혁의 진정한 성과를 확인할 수 있었다. 이 개혁의 명칭은 개혁을 이끈 주역 중 한 명인 교황 그레고리오 7세 Grégoire VII(재임 1073~1085)의 이름에서 유래했다. 하지만 개혁은 그레고리오 7세의 재위 기간 외에도 교황청과 교회의 영역을 넘어 진정한 교회의 질서를 만들며 사회 전반에 영향을 미쳤다.

수도사 파워

10~12세기에는 남자 수도원뿐만 아니라 여자 수도원도 전례 없이 많이 세워졌다. 이 중 가장 유명한 곳은 910년에 세워진 클뤼니 수도원과 1098년에 건립된 시토 수도원이며, 두 곳 모두 부르고뉴에 있다. 수도 생활의 기반은 '세상으로부터의 도피'에 있었다. 즉 기도, 학업, 예배에 헌신하는 공동체 생활을 위해 사회로부터 은둔하려는 의지를 의미했다. 이러한 생활을 통해 수도사들은 수도원의 책임자인 수도원장이 다스리는 바깥세상과 유사한 일종의 작은 세상을 만들게 됐다. 이 세상은 카롤링거 시대부터 절대적인 기준을 이룬 성 베네딕트 규칙에 따라 세워진 원칙과 법도를 통해 규제되는 곳이었다. 천국을 상징하는 회랑 정원은 수도원의 중심에 위치했으며 이 주변으로 다른 모든 건물이 펼쳐졌다. 수도사들이 종교의식을 행하는 예배당, 글을 베껴 쓰는 필사실, (성 베네딕트의 이름을 딴) 규칙의 한 부분을 듣고 일상적인 사건을 해결하기 위해 수도사들이 모이는 참사 회의실, 공동 침실, 식당, 주방 등으로 이루어졌다.

사실 수도사들은 결코 세상으로부터 완전히 숨지 않았다. 일부 수도원은 생미셸오페릴들라메르(현재의 몽생미셸), 베즐레 대성당, 노트르담 뒤 퓌 대성당처럼 위엄 있는 성물을 보관해서 많은 순례자들의 마음을 사로잡았다. 일반적으로, 식량(곡식, 채소, 생선, 포도주)을 공급해주는 토지와 생활필수품이 없었

> **기독교 교단이 파문하는 사람은 사회 전체에서 추방당했다.**

다면 수도원은 살아남지 못했을 것이다. 생활에 필요한 물품으로는 옷을 만들 때 사용하는 양모, 양피지를 만들 때 쓰는 동물 가죽, 불을 밝히기 위한 기름, 초를 만들 때 사용하는 밀랍, 건물을 지을 때 쓰는 다양한 재료 등이 있었다. 한편 토지는 거의 예외 없이 영주에 의해 경작됐으며 많은 일꾼과 농민이 여기서 일했다. 이 토지에서 나는 자원 덕분에 수도사들은 오늘날에도 여전히 사람들이 찾아오는 로마네스크 양식의 웅장한 건축물을 세울 수 있었다. 예를 들면 70쪽에서 본 콩크 생트푸아 수도원 성당이 있다.

클뤼니 수도원의 예배당은 10세기 초에서 12세기

초 사이에 여러 차례 증·개축됐지만 오늘날에는 일부 잔해만 남아 있다. 클뤼니 예배당은 (르네상스 시대에 바티칸의 성베드로 대성당이 지어지기 전까지) 수백 년 동안 가장 큰 기독교 예배당이었다. 이러한 자원을 가진 덕분에 수도원은 어느 정도의 수도원 규칙을 따른다는 조건 아래 가난한 자들을 부양할 수 있었다. 역시 자원을 보유한 덕분에 곡식이나 포도주, 양모를 판매해서 교역에도 합류하게 됐다. 그러나 수도사들이 종교적이거나 경제적인 이유만으로 세상에 편입한 것은 아니었다. 그들에게는 사회적, 정치적 동기도 있었다.

급격한 성공!

실제로 수도원 생활은 왜 이렇게 큰 성공을 거뒀을까? 먼저, 수도원 생활이 이상적인 삶의 방식처럼 보였기 때문이다. 이는 구원을 받을 수 있는 가장 확실한 방법이었다. 세속 사회에 빠져 있는 사제와 주교는 여자는 물론이고, 돈과 권력 등 모든 종류의 유혹에 노출되어 있었다. 그러나 기독교 사회에서 구원은 무엇보다 중요했다. 귀족 가문에서는 매우 빈번하게 아들 또는 남자 조카가 수도원 생활을 하도록 미리 정해뒀다. 시토 수도회의 성공을 이끈 베르나르 드 클레르보Bernard de Clairvaux(1153년 사망) 가문에서는 심지어 형제, 남자 사촌과 친인척 30여 명이 1112년에 수도원에 함께 들어갔다. 평생을 영주로 지내고 싶어 했던 세속인들도 죽음이 가까워졌다고 느끼면 수도사가 됐다. 겉모습만 보고 판단해서는 안 된다는 잘 알려진 속담과는 달리 수도복을 입으면 수도사처럼 보였기 때문이다.

하지만 수도원 생활이 이렇게 성공할 수 있었던 것은 무엇보다 수도사들이 권력자들을 상대로 중요한 역할을 했기 때문이다. 수도사들은 일종의 기독교 지도층을 대표했기에 권력자들은 왕과 왕자들처럼 수도사들과 관계를 맺으려 했고 수도사들의 지지, 즉 기도와 집전을 받으려 했다. 그랬기에 일정 계급에 있는 모든 영주의 혈통은 수도원을 세우거나 후원하고 자신을 위한 기부를 늘려야 할 의무가 있었다. 그 결과, 실제 사회 계약 같은 형태를 띤 상호 교환 체계가 발달했다. 세속인들은 토지를 주고 수도사들은 그 대가로 세속인들의 구원을 위해 기도하며 그들의 조상을 기렸다.

10세기에서 12세기 사이에 특히 클뤼니의 수도사들은 망자를 위한 의식을 전문적으로 다뤘다. 심지어 클뤼니 수도원장 오딜롱(재임 994~1048)은 클뤼니의 모든 신도가 만성절 다음 날인 11월 2일로 정해진 망자의 날에 고인을 추모하는 의식을 거행하도록 망자의 축제를 만들었다. 클뤼니의 영향력은 매우 컸기 때문에 이 축제는 교황을 통해 모든 기독교도에게 빠르게 퍼져나갔다. 장례 의식을 요청하는 사람이 너무 많아서 모든 후원자의 이름을 기재한 목록과 고유 일정표를 작성해야 할 정도였다. 가장 강력한 권한을 지닌 영주들은 수도원 내부나 수도원 교회에 안장되기도 했다. 따라서 수도원은 귀족들이 실제 추모를 하는 장소가 되었다. 그렇게 수도사들은 종교와 전통을 토대로 영주의 지배에 상당한 정당성을 부여하면서 영주 혈통의 지배가 뿌리내리는 데 기여했다.

> **클뤼니의 영향력은 매우 컸기 때문에 11월 2일로 정해진 망자의 축제는 교황을 통해 모든 기독교도에게 빠르게 퍼져나갔다.**

개혁인가 혁명인가

우리가 '그레고리오'라고 이름 붙인 개혁은 교회 체제의 변화처럼 나타났으며 이 변화가 사회에 미친 영향은 아주 컸다. 이 변화의 바탕에는 삶의 방식에서처럼 사회적 지위에서도 성직자와 세속인을 엄격하게 구별하려는 교회의 의지가 숨어 있었다. 물론 이러한 구별에는 서열이 있었다. '성스러운 것'을 다룰 수 있는 유일한 자인 성직자의 지위가 세속인의 지위보다 더 낫다고 판단했기 때문이다. 이러한 변화는 기독교의 주요 성사, 즉 성찬이 생겨난 방식과 관련이 있다. 사실 어떤 상징적인 개념을 끝까지 부정했던 베랑제 드 투르Bérenger de Tours는 1050년에서 1079년 사이에 유죄 판결을 받기도 했는데 이는 11세기 중후반에 교회에 나타난 '실재적'이란 개념 때문이었다. 오늘날에도 여전히 가톨릭의 교리인 '실체 변화' 개념에 따르면 미사를 올리는 동안 빵과 포도주는 성직자에 의해 그리스도의 진짜 몸과 피로 변한다.

그리스도의 진짜 몸과 피는 불순한 손으로 다룰 수 없었다. 최선의 경우에는 의혹을 품게 하고, 최악의 경우에는 반감을 살 수 있는 육체적 관계는 성직자와 세속인을 구별하기 위한 주요 기준이 됐다. 성직자는 독신으로 지내며 금욕 생활을 해야 했던 반면, 세속인은 결혼을 하고 궁극적인 목적이 출산인 육체적 관계도 가질 수 있었다. 수도 생활은 모범적으로 여겨졌으며 일반적으로 성직자의 생활환경에 영향을 줬다. 독신의 의무가 성직자에게 절대적인 규칙이 되었기 때문이다. 성직자는 배우자와 헤어지도록 종용받았고 아들에게 더 이상 자신의 소교구직을 물려줄 수 없었다.

> **1059년부터 교황은 이제 황제가 아닌 주교들과 추기경들에 의해 선출됐다.**

세속인의 경우, 결혼을 파기할 수 없다는 원칙은 점점 더 강제성을 띠었고 교회는 일방적인 이혼이 부당하다고 판단되면 이에 반대했다. 필리프 1세는 이 책 53~55쪽에서 본 베르트라드 드 몽포르Bertrade de Montfort와의 사건 때문에 11세기 말부터 교회의 영향을 받게 됐다. 12세기 동안, 결혼은 심지어 신성한 의식이 되어 교회 정문에서 성직자가 참석한 가운데 공개적으로 거행되었다. 또한 성직자들은 근친상간 금지를 더욱더 준수하게 했고 너무 가까운 친척끼리 결혼하는 것을 막으려 했다. 이 과정에서 그레고리오 개혁은 귀족들의 일부 전략과 반대되었고 이는 주로 정치적인 측면에서 나타났다.

이러한 변화의 정치적인 특색은 교회의 지배와 관련된 부분에서 더욱 눈에 띄게 나타났다. 사실 교회는 모든 계급에서 세속의 간섭을 제거하려 했다. 따라서 1059년부터 교황은 더 이상 황제가 아닌 주교들과 추기경들에 의해 선출됐다. 이때부터 교황청은 종교 개혁 사상 확산에서 중요한 역할을 하게 됐다. 개혁의 지지자들은 왕자들과 왕들을 포함한 세속인들이 더 이상 주교들의 선거나 수도원장 임명에 개입해서는 안 되며, 가령 사법적이거나 군사적인 임무일지라도 이를 세속인들에게 맡겨서는 안 된다고 생각했다. 게다가 그 어떤 종류의 맹세나 서약도 성직자와 세속인 사이를 구속해서는 안 된다고 여겼다. 더 급진적인 일부 개혁가들은 전통적인 견해와는 반대로, 심지어 대관식이 왕에게 어떤 특정한 종교적 존엄성도 부여해서는 안 된다고 생각했다. 지역적으로는, 본당과 장원의 차원에서 봤을 때, 이러한 격변은 결코 덜하지 않았다. 개혁가들은 영주들이 더 이상 교회를 소유해서는 안 되며 세속인들이 부당하게 점유하고 있다고 여겨지는 모든 종류의 재산과 권리를 이제 교회에 양도해야 한다고 주장했다. 십일조가 여기에 해당했다. 주로 영주들이 한 해에 새로 태어난 가축과 각종 수확물의 10분의 1에 해당하는 세금을 거뒀는데 이러한 십일조를 공공 세금으로 징수했고 교회 보전을 위한 일종의 대가처럼 여겼기 때문이다.

불안정한 정치권력

교회의 이러한 방침은 백성을 다스리기 위해 수백 년 동안 교회에 의지해온 유력 인사들, 즉 왕과 왕자들 또는 한낱 영주들까지 불안정하게 만들었다. 이로 인해 심각하면서도 때로는 오랫동안 이어진 분쟁이 일어났다. 대부분은 성직자와 세속 귀족 개개인을 비교하지 않았지만 성직자 전체와 귀족 가문으로 대표되는 세속 사회를 비교했다. 고심 끝에 만들어진 타협안은 이 책 57~59쪽에서 주교 임명에 대해 주교 이브 드 샤르트르Yves de Chartres(재임 1090~1116)가 제안한 타협안처럼 마무리되곤 했다. 그러나 결국 성직자와 교황의 위엄과 권한, 지배력은 한층 더 확고해졌다.

교회의 장원은 신성한 지역이 되면서 양도할 수 없게 됐고 특별한 법적 보호를 받았다. 특히 남프랑스에는 십자가로 둘러싸인 상징적인 지역이 일부 있었는데 이곳은 자유 촌락이었다. 도시에서는 주교의 장원과 세속의 장원이 분명하게 경계를 지어 분리되어 있었다. 수도사에 대한 기부, 자체 수입,

십일조가 늘어나면서 교회는 부유해졌다. 교회가 부유해지면서 11세기와 12세기에 여러 웅장한 건축물이 늘어났고 특히 수없이 많은 대성당이 다시 지어질 수 있었다.

백성들은 더 엄격한 교회의 지배를 받았고 토지의 성격은 더욱 강화됐다. 주교가 다스리는 관구와 종교 의식에 참석하며 십일조를 내고 망자들을 안장하는 교구도 있었다. 기독교 묘지의 탄생은 교구의 연대를 강화했다. 묘지는 교구 교회 주변으로 경계 지어진 신성한 땅 내부에 망자들을 함께 안장한 장소였으며 이단자, 유대인, 파문당한 자들은 묻힐 수 없었다. 시골에서 교회와 묘지는 마을의 중심에 자리 잡았고 가끔은 성의 그늘진 곳에서도 볼 수 있었.

주교 법원은 육체적 관계와 결혼, 성직자와 교회의 재산 보호, 대출 절차 등 여러 영역에 걸쳐 재판권을 확대해나갔다. 십일조 납부는 점점 교회의 전반적인 지배를 인정한다는 표시로 여겨졌다. 십일조 납부를 거부하는 자는 성직자의 권한에 반대한다는 이유로 이단이라는 비난을 받고 사회에서 추방당할 위험을 무릅써야 했다.

결국 교회는 여러 사회 집단의 가치와 행동에 강한 영향력을 행사하게 됐다. 이는 특히 영주와 기사 집단에서 도드라졌다. 교회는 이들이 기독교도의 적인 이슬람교도들에게 무기를 겨누도록 했다. 11세기 중후반에 수많은 프랑스 기사가 이슬람교도들과 싸우러 스페인으로 떠나기 시작했다. 그런데 과거에 클뤼니 수도원의 부원장이었던 교황 우르바노 2세가 1095년, 클레르몽에서 제1차 십자군 원정을 호소했을 때부터 변화가 일어났다. 4년 후, 예루살렘이 점령됐고 십자군이 지배하는 새로운 봉건 공국이 형성되기 시작했다. 이어서 템플기사단처럼 수도사의 삶과 군사 활동을 결합한 완전히 새로운 유형의 종교 기사단이 만들어졌다. 이들은 돈을 많이 버는 이상적인 기독교도 기사의 모습을 보여줬다.

기사들의 꿈

기사가 되기를 꿈꿔보지 않은 아이가 있을까?
울창한 숲속이나 어두컴컴한 늪으로 모험을 떠나고, 사악한 남작을 향해 창을 찔러 넣으며,
용을 죽이고 공주를 구하는 그런 기사 말이다. 특히 남자아이들이라면
이런 상상을 했지 '잠자는 숲속의 공주'를 꿈꾸지는 않았을 것이다.
하지만 이제 기사 이야기의 이면을 파헤치고
용감한 기사들이 두꺼운 갑옷 아래 무엇을 숨겨뒀는지 알아볼 차례다!

기사들의 꿈

영화나 드라마뿐만 아니라 만화에서도 이 책의 1장에 나오는 인물처럼 중세라고 하면 우선 기사의 시대를 떠올린다. 오늘날 책과 스크린을 점령한 영웅 판타지는 교회와 기독교는 빼고 전쟁과 환상을 그린 중세의 상상계를 만들어 기사만을 다루고 있다. 중세 문학, 특히 아서왕과 원탁의 기사들 전설을 다룬 이야기는 이러한 현상에 일부 책임이 있다. 그런데 기사 이야기는 12세기가 되어서야 등장했고 여기에는 우리가 생각하는 것보다 기독교적인 요소가 훨씬 많이 들어 있다.

갑옷과 투구

사람들은 왜 봉건 시대가 되어서야 기사를 다룬 이야기를 하게 됐을까? 8세기에서 9세기, 카롤링거 시대부터 정예 부대는 이미 기병으로 이루어졌다. 기동력을 갖춘 강력한 기마 부대가 있었기에 프랑크족은 유럽 국가의 다른 민족들보다 오랫동안 우위를 지킬 수 있었다. 10세기에서 11세기에 정치적인 상황은 많이 변했지만 권력자, 귀족, 영주들은 수행인들에 둘러싸인 채 여전히 말을 타고 싸웠다. 그런데 이러한 마상 전투의 형태와 목표는 점점 특별한 성격을 띠게 됐다. 이 특별함 덕분에 말을 탈 줄 아는 귀족은 기사가 됐다. 11세기에는 새롭고 독특한 방식으로 말을 타고 싸우는 전투가 등장했는데 바로 눕힌 창을 쓰는 전투였다. 기사는 교전을 시작하기 전에 적에게 던지는 창을 사용할 수 있었는데 더 무겁고 긴 창을 쓸 수도 있었다. 기사는 이 창을 겨드랑이에 끼고 있다가 상대방을 말에서 떨어뜨리기 위해 창으로 세게 찔렀다. 눕힌 창을 쓰는 전투는 바이외 자수품과 11세기 중후반의 여러 조각품에서도 볼 수 있다. 1066년, 헤이스팅스 전투에서 '정복왕' 기욤의 군대는 이 긴 창 덕분에 승리했다. 제1차 십자군 원정에서 프랑크군도 긴 창으로 성공을 거뒀다. 긴 창은 비잔틴과 이슬람 국가의 연대기 작가들에게 깊은 인상을 남겼다. 그리고 기사의 전투에서 금세 상징적인 존재가 됐다. 할리우드 영화에 창이 등장한 이후로 기사 두 명이 팔 아래 창을 단단히 끼고 빠르게 달려와 대결하는 토너먼트 외의 다른 방식은 상상하기 어렵게 됐다.

이러한 큰 변화에는 집중 훈련이 요구됐기 때문에 남자아이들이 받는 승마와 군사 교육은 더욱 규

모가 크고 전문적인 수준이 됐다. 이는 전문화의 형태를 갖추게 했고 마상 전투는 이를 준비할 시간과 재력이 있는 자들에게 주어졌다. 군대의 장비 또한 변해야 했다. 이들이 사용하는 쇠사슬 갑옷은 충격을 잘 견디도록 더 강해지고 무거워졌다. 방패는 다리의 노출된 부분을 더 잘 보호하기 위해 길어졌다. 8세기에 코를 가리는 투구(코를 보호하는 장비)는 머리와 얼굴 전체에 씌워서 가리는 대형 투구로 바뀌었다. 안장의 앞부분은 앉았을 때 편하도록 더 높아졌고 마찬가지로 등자와 박차는 기사가 달리는 말을 몰 때 더욱 도움이 되도록 개선됐다. 말 자체도 더 강하고 튼튼해야 했다. 말은 여러 마리가 필요했는데 일부는 병력 이동과 물자 수송에, 일부는 전투에 사용됐다. 가축과 장비를 관리하는 농노들도 있어야 했다. 이 모든 것을 갖추려면 많은 돈이 들었기 때문에 마상 전투는 귀족 계급만이 할 수 있었다. 돈이 별로 없는 자들은 권력자를 섬기도록 강요 또는 부추김을 받았다. 전투에서 기사들이 필요해짐에 따라 주군-가신 관계와 같은 후견주의도 확산했다. 이 시대의 일부 글에서는 기사와 가신을 동의어로 쓰기도 했다.

구속받지 않는 귀족

말을 타는 새로운 방식의 전투는 문화적인 면에도 영향도 끼쳤다. 일부 역사학자들에 따르면, 당시에는 군사들의 신원을 확인하기가 어려워 이들의 깃발과 방패에서 볼 수 있었던 표시가 실제 문장으로 빠르게 변모한 것으로 보인다.

1110년에서 1130년대 사이 전장 또는 시합에서 무늬와 색의 특별한 조합이 나타나면서 개인과 가문, 즉 영주의 지배력을 알아볼 수 있게 됐다. 원래는 프랑스 북부 지방 왕족과 영주만이 고유한 문장을 가지고 있었다. 하지만 12세기 동안 문장은 영주 계급의 최하층과 다른 지역으로 점점 더 확산됐다.

> **'세 계급 이념'에 따르면, 사회는 기도하는 자들, 전쟁하는 자들, 일하는 자들의 세 계층으로 나누어졌다.**

따라서 기사들을 필요로 하는 전투는 귀족 계층을 재편하는 데 기여했다.

의미 있게도 역사학자들이 '세 계급 이념'이라고 부르는 새로운 사고방식이 등장하면서 기사의 수가 급증했다. 이 이념에 따르면 사회는 사람들이 어떤 역할을 하는지에 따라 세 계급으로 나뉘었다. 여기에는 기도하는 자들, 전쟁하는 자들 그리고 일하는 자들이 있었다. 이 이론은 9세기 중후반에 생제르맹도세르의 수도사들이 집필했으며 10세기에 클뤼니의 수도사들이 수정했고 11세기 초에 두 명의 주교, 제라르 드 캉브레Gérard de Cambrai와 아달베롱 드 랑Adalbéron de Laon이 내용을 추가했다. 세 계급 이념은 전쟁을 하고 무기를 소지하는 것은 이제 한 사회 계급, 즉 영주와 기사로 이루어진 귀족에게만 해당하는 특권이라는 사실을 명시했다. 귀족은 아니지만 자유인 신분으로 카롤링거 시대에 군대에 복무할 수 있었던 자들은 이제 군에서 제외됐다. 이들은 여자들을 포함한 모든 종속된 사람들처럼 일하는 자들의 범주에 들어갔고 성직자와 수도사들처럼 '무기가 없는' 부류에 속했다.

말을 타는 새로운 방식의 전투와 이에 드는 비용 탓에 기사 신분은 고위층에게만 해당됐다. 세 계급 이념은 고위층의 지배를 확고히 했고 봉건사회에서 기사들은 폭력을 독점했다.

하나의 사회 계층?

이 시대의 글을 보면, 기사들은 주로 큰 구분 없이 집단으로 중요한 위치를 차지하고 있는데 그 위치는 특별하고 새로우면서도 개별적이고 귀족 계급보다는 낮은 사회 계층을 의미하기도 했다. 기사 계급에는 빈털터리가 된 하급 귀족의 일원과 사회적 지위가 상승한 시골 고위 귀족의 구성원이 섞여 있었던 것으로 추정된다. 이들은 10세기의 혼란을 틈타 등장했다. 영주들은 왕권 약화와 불안정한 분위기를 이용해 점점 체격이 좋은 군사들을 수행인으로 고용했다. 마상 전투에 대비해 훈련하고 봉토를 소유하며 자신이 섬기는 영주의 성에서 평생 살거나 정기적으로 성을 경비하는 의무를 수행하면서 이러한 군사들은 고유의 집단 정체성을 만들어나갔다.

오늘날 우리는 귀족과 기사 사이의 이러한 계급 구분을 거의 믿지 않는다. 이슬람교도인 적국과 인접해 있어서 백성들에게 무기를 보급한 카탈루냐처럼 다소 특이한 지역을 제외하고는 부유한 농민 출신인 기사들은 그 수가 얼마 되지 않았다. 반대로 대부분의 귀족과 심지어 일부 왕자들도 스스로 기사라고 칭했다.

사실 봉건 시대의 귀족 계급은 기사로 지칭되는 한낱 군사들이 특별한 법적 지위를 지니는 단일 집단으로 이루어지지 않았다. 라틴어 '노빌리스nobilis'는 '알려진'이란 의미가 있다. 이처럼 귀족(노블 noble—옮긴이)이 된다는 것은 알려지고 명성을 얻는 일이었다. 첫째로, 귀족 가문 출신이기에 귀족으로 인정받았다. 그래서 권력자들은 조상을 자주 떠올리고 (항상 부모님을 공경해야 했으며) 특히 수도원을 통해 조상을 기리려고 했다. 이 책 첫 부분에 나오는 등장인물인 기사도 결국 이를 인정했다. 봉건 사회는 우선 권력이 얼마나 오래 지속되어왔는지에 따라 정당화되는 전통적인 사회였다. 둘째로, 귀족답게 살기에 귀족으로 여겨졌다. 귀족들은 저택이나 성에 살았고, 교회와는 일반적인 관계를, 수도사들과는 특별히 긴밀한 관계를 유지했다. 그들은 재판에 참여하고 영주에게 조언을 했다. 위엄 있는 결혼을 하고 값비싼 옷을 입었으며, 아름다운 무기와 사치품도 어느 정도 가지고 있었고, 맛있는 음식을 먹었다. 어디든 갈 수 있었으며 사냥을 하고 말을 타고 싸웠다. 마치 기사처럼!

> **귀족들은 기사라는 신분으로 전쟁과 남성의 가치를 강조해서 그들의 지배력을 재확인할 수 있었다.**

하지만 모든 귀족이 같은 방식으로 알려지진 않았다. 귀족이라고 해서 모두 여유롭게 살지도 않았으며 동등한 권력을 갖고 있지도 않았다. 누구나 다른 어떤 귀족보다 더 귀족답거나 덜 귀족다웠고 이에 따라 서로 경쟁이 심해졌다. 11세기 말부터 트루바두르와 트루베르의 노래 또한 귀족들의 명성을 높이거나 해치는 데 일조했다. 따라서 귀족 계급은 상대적인 신분이었고 이들 중 다수는 약간의 토지를 소유한 하급 기사들일 뿐이었다. 어떤 제후는 자신을 다른 귀족들보다 높은 지위에 있게 해주는 공작이나 백작 작위를 과시하고 싶어 했지만 많은 영주는 자신을 기사라고 소개했다. 마상 전투와 이에 뒤따르는 가치와 태도가 귀족 신분의 중심을 상징했

기 때문이다. 결국, 기사라는 신분은 귀족들에게 사회적 지위라기보다는 전쟁과 남성의 가치를 강조해서 귀족들의 지배력을 분명하게 보여주는 새로운 방식처럼 여겨졌다. 게다가 세 계급 이념에서 귀족과 기사는 '전쟁을 하는 모든 자'로 이루어진 두 번째 계급에 섞여 있지 않았던가?

이상적인 남성상

전쟁과 마찬가지로 기사는 남자들의 비즈니스였다. 하지만 그렇다고 여자들이 기사와 아무 관련이 없었다고 이해해서는 안 된다. (우아한 부인들에게는 미안한 말이지만) 이는 명백한 사실이다. 기사라는 신분은 아주 오랜 시간 사회에 깊은 영향을 준 이상적인 남성상을 정의하는 데에도 기여했다. 먼저 남자아이들에게 기사는 성인이 되는 것을 의미했다. 청

소년에서 (진짜!) 남자가 되는 일종의 통과의례였다. 12세기 초, 초기 무훈시에서 기사 서임을 받는 군사나 기사 서임식을 다룬 내용을 볼 수 있다. 안타깝게도 정확한 서임식에 대해서는 거의 알려진 바가 없으며 가장 오래된 이야기는 불과 1128년에 일어났다. 이는 앙주의 젊은 백작, 조프루아 플랜태저넷 Geoffroy Plantagenêt이라는 제후의 이야기다. 당시에 서임을 받는 자의 어깨를 치는 의식이 이미 존재했는지는 알 수 없다. 겨우 13세기가 되어서야 확인된 사실은 이러한 의식이 마치 시험처럼 행해졌다는 것이다. 이미 정식 기사인 자가 기사가 되길 원하는 젊은이의 어깨를 손으로 세게 내려쳤을 때 젊은이는 휘청거려서는 안 됐다. 이 의식의 핵심은 첫 무기, 특히 명령의 상징인 검과 마상 전투에서 없어서는 안 될 박차를 격식을 갖춰 수여하는 데 있었다. 이 의식 뒤에는 아마 축제나 연회가 열렸을 것으로 추측되는데 이는 모두가 보는 앞에서 남자들끼리 함께 나눠 먹고 마시는 모습을 통해 새로운 기사의 진급을 알리기 위함이었다. 또한 새로운 기사가 힘과 신체적 용기, 남자들의 집단을 숭배하는 마음으로 결속된 일종의 군사 모임에 들어왔다는 사실을 나타내는 것이기도 했다.

사실, 눕힌 창을 쓰는 전투 기법은 영주의 주위에 결집한 12명에서 15명의 기사로 이루어진 소규모 집단 내부의 강한 연대를 전제로 했다. 작전은 공동으로 펼쳐졌고 규율 준수와 연합이 요구됐다. 이러한 단결을 위협하기도 하는 경쟁의 성격이 더해진 연대는 초기 토너먼트에서 볼 수 있다. 가장 오래된 역사를 가진 초기 토너먼트는 12세기 초 토너먼트가 증가하기 전, 11세기 말에 주로 앵글로·노르만과 플랑드르 지역에서 나타났다. 토너먼트 경기라는 이름에서 추측해볼 수 있듯이 이는 전쟁과 아주 유사한 훈련이자 기사들 간의 시합이었는데 기사들은 말 위에서 몸을 돌리고 회전하면서 창으로 대결했다. 이

는 중세 말의 마상 창 시합인 주스트나 두 명의 기사가 중앙에 놓인 경계를 따라 잘 나누어진 결투장에서 정중하게 대결하는 할리우드 영화에 나오는 장면과는 아직 거리가 있었다.

하지만 이러한 시합은 이미 많은 관객이 구경하는 일종의 공연 같은 성격을 지니고 있었다. 토너먼트 경기는 주로 군사 작전을 벌이는 지역에서 떨어진 곳, 도시나 성 아래에서 벌어졌다. 기사들은 각자 눈에 띄고 싶어 했고 개인의 공으로 평가받기는 했지만 단체로 대결했다. 목표는 무엇보다 상대방을 말에서 떨어뜨리고 되팔거나 몸값을 요구할 수 있는 말과 사람을 생포하는 것이었다. 명예를 얻는 것 외에도 돈이라는 유혹이 있었기 때문이다. 요약하자면 남자들의 비즈니스였다.

기사라는 정체성은 너무나 압도적이어서 그 가치는 사회뿐만 아니라 심지어 교회에까지 아주 폭넓은 영향을 미쳤다. 역설적으로 보일 수도 있지만 많은 부분에서 기사와 수도원 생활은 유사한 부분이 있었다. 교회에서든 군대에서든 수련을 통한 발전, 노력과 위업에 대한 숭배, 남자들의 동지 의식을 이상적으로 바라봤다. 이러한 유사점 덕분에 기사에서 수도사로의 전환을 단절이라고 여기기보다는 기사들이 가진 가치의 일부가 더 높은 상태로 발전한다고 생각했다. 클뤼니 수도원은 수도사들이 기도라는 무기로 악마와 싸웠다는 사실을 강조했다. 게다가 천사와 악마의 싸움은 로마네스크 양식으로 지은 교회에서 흔히 볼 수 있는 조각품이다.

피와 살

이러한 유사점은 시토 수도사들에게서 더 많이

나타났다. 1130년경에 베르나르 드 클레르보는 수도사이자 군사이기도 한 새로운 계급인 템플기사단을 대상으로 《새로운 기사단에 보내는 찬사Éloge de la nouvelle chevalerie》를 썼다. 그는 기사들의 세속적인 행실을 비난하며 템플기사단이 "살과 피를 상대로, 대기 중에 퍼져 있는 나쁜 기운을 상대로 이중 전투를 쉼 없이 치를 운명인, 과거에는 존재하지 않은 새로운 종류의 기사단"이라고 찬양했다. 삶 전반에 걸쳐 전투를 치르는 이러한 대결 문화는 12세기 초부터 도시에서 증가하기 시작한 새로운 학교에서도 찾아볼 수 있다. 과거에 기사이기도 했던 피에르 아벨라르Pierre Abélard에 의해 확산된 형식논리학은 종합적인 결과에 이르기 전에 하나의 명제와 반대 명제를 설정하고 학생들 간의 논거를 대립하는 방식에 기초를 두고 있다. 트루바두르와 트루베르의 시에서도 이러한 문화의 영향을 받은 모습을 볼 수 있다. 대결 구도는 한 여성에게 환심을 사려고 기사들이 싸움을 벌이는 사랑의 경쟁으로 그려졌을 뿐만 아니라 무엇보다 사랑에 빠진 감정 자체가 이 감정을 느끼는 자를 성장시키는 전투이자 모험인 것처럼 표현됐다.

**사랑 숭배와 여성을 위한 봉사,
오늘날의 보드게임과 같은 놀이,
편지에 대한 관심은
힘을 향한 숭배와
전쟁에 쏠린 관심이
조금씩 균형을 이루게 만들었다.**

12세기 초부터 시는 기사들의 위엄을 세우는 데 도움을 줬다. 세속인들과 귀족들을 위해 (옛 프랑스어인) 지방어로 쓴 무훈시는 동시대 기사들이 모범으로 삼았던 샤를마뉴 대제 시대 영웅들의 위업을 찬양했다. 잘 알려진 《롤랑의 노래》는 과거의 구전 신화를 바탕으로 1100년경에 쓰였으며 가장 오래되고 놀라운 내용으로 이루어져 있다. 하지만 다른 노래는 1120년경에 쓰인 제1차 십자군 전쟁의 영웅들이 세운 공훈을 찬양하는 《안티오크의 노래》를 따라 동시대인들을 주인공으로 삼았다. 이러한 노래는 엄청난 성공을 거뒀고 프랑스를 넘어 퍼져나갔다. 한편 트루바두르와 트루베르의 시는 여성의 존재를 포함한 더 우아한 궁정 생활의 영향을 받아 기사에게 바라는 가치와 행동을 담으며 내용 면에서 더욱 풍부해졌다. 경쟁을 다룬 내용이 없지는 않았고 언제나 고위층의 방식으로 표현됐지만 사랑 숭배와 여성을 위한 봉사, 오늘날의 보드게임과 같은 놀이, 편지에 대한 관심은 힘을 향한 숭배와 전쟁에 쏠린 관심이 조금씩 균형을 이루게 만들었다.

교회는 일찍이 이러한 기사 문학의 일부분에 적대심을 드러냈다. 트루바두르의 사랑 이야기는 성직자의 윤리와 종종 갈등을 일으켰다. 주교 회의에서 1130년부터 토너먼트 시합을 금지했고 죽음에 이를 위험이 있다는 이유로 기독교도도 이 시합을 반대했다. 교회가 관심을 가지는 유일한 전투인 이슬람교도들을 상대하는 십자군 원정으로 향했던 기사들의 눈길은 토너먼트 시합 때문에 다른 곳으로 쏠렸다. 하지만 이러한 문화의 힘이 너무나 강했기에 교회는 결국 이에 맞서기보다는 맞춰나가려는 노력을 하게 된다. 이후 서임식의 점진적인 기독교화와 종교적인 소재에서 깊은 영향을 받은 소설 문학이 발전했다. 하지만 이는 12세기 말의 상황이며 별개의 이야기다.

성장의 열매

아, 성장이라! 정치인들이 꿈꾸는 성장은 부를 창출하고 불평등을 해소하는 성장이다.
엄청난 경제 성장을 보인 봉건 시대는 그 방면에서 배울 점이 많다.
그러나 영세 농민들에게는 이러한 번영이 크게 와닿지 않았다.
당시에 가난한 사람들은 오직 불안정하고 불평등한 삶을 이어갈 뿐이었다.

성장의 열매

10~12세기는 일반적으로 '중세 급성장'의 시기로 여겨진다. 우리는 힘찬 도끼질로 숲의 면적을 줄여나가는 많은 농민과 개간하는 수도사들, 방앗간이 늘어서 있는 강과 상인들의 목소리가 울려 퍼지는 시장의 모습을 쉽게 떠올리곤 한다. 게다가 교과서에서는 이 부분을 자연과 황무지에 맞선 인간과 쟁기의 승리로 치하하며 '위대한 개간'이라는 아름다운 지도를 그려 보여주고 있다. 당시의 목표는 도시의 비약적인 성장과 대성당 건축을 통해 미래의 방향을 그려보는 것이었다. 사람들은 (마침내!) 미개한 시대에서 벗어났다고 생각했다.

이러한 해석이 아주 근거가 없는 것은 아니다. 서유럽은 진정한 번영을 누렸고 인구는 증가했다. 권력자들과 인구의 90퍼센트 이상을 차지하는 농민들의 생활환경도 개선됐다. 시골의 활기 또한 상업의 급성장과 도시의 부활을 가져왔다. 그런데 여기서 많은 부분은 제대로 수정해야 할 필요가 있다. 이러한 번영은 불안정도, 불평등도 없애지 못했기 때문이다.

풍요로운 토지

인구의 대부분은 시골에 사는 농민이었으며 경제와 인구의 급성장은 모두 필연적으로 농산물의 생산 증가에 달려 있었다. 안타깝게도 역사학자는 생산 증가나 인구 증가, 하물며 생산량의 잠재적 향상을 정확하게 측정할 수 있는 자료와 적절한 수단도 갖고 있지 않았다. 따라서 간접적인 방식으로 알게 된 흔적과 단서를 조사하는 방법 외에는 다른 선택지가 거의 없었다. 인구 증가는 마을, 촌락, 농장의 증대로 짐작해볼 수 있었다. 경작지를 1년, 2년 또는 3년 동안 휴식 상태로 두는 휴경 기간이 감소했고 경작지의 구획을 점점 작게 나누어 분류했다는 사실도 알게 됐다. 또 다른 단서는 경작을 하지 않은 땅, 숲, 황야, 늪지대 개발이 증가한 사실을 통해 유추해볼 수 있다. 이곳에서 나오는 자원은 모두가 눈독을 들였다. 잘 알려진 귀족 가문의 가임 연령 여성이 낳은 자녀의 수도 증가했다. 이는 수도사의 수가 급증한 것과 무관하지 않았다. 몇몇 자녀를 유산 상속에서 제외하고 가문의 재산이 분산되는 것을 막기 위해 자녀 몇 명을 수도원에 보내버리는 것보다 좋은 방법은 없었다.

경제 성장과 관련된 또 다른 흔적은 포도 농사 확대이다. 초기에는 남프랑스 지역에만 해당했지만 이후 도처에서 포도밭이 확인됐다. 심지어 노르망디나 피카르디처럼 기후가 포도 농사에 별로 적합하지 않은 북부 지역에도 포도밭이 있었다. 아마 이 지역의 포도주 맛이 좋기는 어려웠을 듯하다. 사실 포도 농사는 투자 성격을 띤 경작이었다. 포도 농사를 시작하기 전에 여러 해의 준비가 필요했다. 포도주는 특히 시장에서 유통됐는데 포도 생산자들은 식량을 구하기 위해 시장의 도움 또한 필요했기 때문에 교환이라는 유통 과정에 끼어들어야 했다. 이를 통해 생존 경제는 퇴보하고 화폐가 확산됐다. 게다가 포도 농사는 술통, 짐수레, 압착기 제조와 관련된 모든 종류의 수공업 활동이 발전하는 데에도 도움을 줬다.

작업하는 수공업자들

경제 발전의 또 다른 흔적은 시골 수공업자의 증가이다. 가죽 또는 양모를 전문으로 다루는 일과 마찬가지로 화덕, 대장간, 도자기 작업장이 늘어났다. 그런데 주요 경제 활동은 당시에 필수적인 시설인 물레방아와 관련이 있었다. 9세기에 수도원의 대토지에서 이미 흔히 볼 수 있었던 물레방아는 11세기에서 12세기에 하천을 따라 증가했다. 물레방아는 특히 밀가루를 만들기 위해 곡식을 빻는 용도로 쓰였지만 일부는 맥주를 양조하거나 양모를 가공하고 철을 주조하는 데 사용됐다. 그 밖에도 하천에 배를 정박하는 장소, 어장, 양어지, 관개시설 등 다른 작업과 관련된 다양한 주변 장치로 발전이 이어졌다.

직물 제조업 또한 비약적인 발전을 이뤘다. 직물 제조는 마나 삼 같은 적은 양의 섬유 식물이나 양모를 직물이나 다른 옷감으로 가공하는 작업이었다. 따라서 양을 더 많이 사육하게 됐고 특히 플랑드르

> **필수적인 시설인 물레방아는 수도원의 대토지에서 이미 흔히 볼 수 있었으며 11세기에서 12세기에 수가 증가했다.**

에 있는 일부 수도원에서는 전문성을 갖춰 대규모로 양을 사육하기 시작했다. 주로 여성들이 했던 방직 작업은 상당히 많이 퍼져 있었기 때문에 시골과 도시 모두에서 볼 수 있었다. 이는 가내수공업과 유사한 모습을 띠기도 했다. 반면 직조는 도시에 집중되는 경향이 있었고, 11세기 말부터 수평식 직조기가 확산된 덕분에 숙련공들이 작업하는, 거의 산업에 준하는 활동이 되었다. 포도 농사나 물레방아처럼 직물 제조 또한 염색이나 직물 마감 작업 같은 다른 산업 활동을 발생시키는 파급 효과를 가져왔다.

곡식과 포도주와 더불어, 직물 생산 또한 상업 발전에 도움을 줬다. 직물은 인근에서 거래되기도 했는데, 중장거리 교역은 전문 상인들의 활동에 달려 있었다. 전문 상인들은 영주들과 긴밀한 관계를 유지했다. 대체로 영주들이 시장에 유통할 상품을 가장 많이 가지고 있었기 때문이다.

게다가 남프랑스의 도시에서 일부 기사들은 자신이 직접 상업 활동을 했다. 그런데 영주들, 특히 세속 영주들은 그들의 화려함을 과시하고 후견주의를 유지하게 해주는 사치품의 큰 소비자이기도 했다. 실크와 동방의 향신료, 설탕, 보석과 장식용 무기 또한 상업에서 상당한 부분을 차지했다.

> **인간의 유골을 다룬 연구는
> 귀족과 농민 사이에
> 큰 차이가 존재하는 가운데
> 당시 사람들의 위생 상태가
> 개선됐다는 사실을 보여준다.**

고고학은 여러 종류의 단서로 부족한 부분을 채워준다. 조사를 통해 발견된 연장(낫, 괭이, 삽, 도끼, 전지 가위 등)은 대체로 좋은 상태였으며 이는 적잖은 철이 일찍이 널리 쓰였음을 의미한다. 주로 이탄층(완전히 부패하거나 분해되지 않은 식물의 유해가 진흙과 함께 늪이나 못의 물 밑에 퇴적한 지층—옮긴이)에 갇혀 있던 과거의 꽃가루를 연구한 결과, 이미 10세기부터 자연에서 숲이 차지하는 부분이 적었음이 드러났다. 씨앗과 식량의 흔적을 다룬 연구를 통해 다양한 경작이 이루어졌다는 사실도 밝혀졌다. 호밀, 빵 밀, 귀리의 소비는 보리와 스펠트밀(중부 유럽의 산간지대에서 많이 재배되는 밀 품종—옮긴이)과 유사한 밀을 발판 삼아 증대됐다. 빵 밀은 약한 곡식이었는데도 활발하게 소비됐는데 이는 귀족들의 요구와 직접적인 연관이 있었던 듯하다. 귀족들에게는 식탁에 놓을 흰 빵이 필요했기 때문이다. 마찬가지로 귀리도 영주의 기병대에서 수요가 늘어나면서 보급이 확대됐다. 게다가 봄 파종 곡식인 귀리의 확산은 삼포식 농업(겨울 곡식/봄 곡식/휴경지)이 성행했다는 사실을 보여준다. 이는 전통적인 농업 방식보다 토양의 질을 개선하는 훨씬 더 좋은 방법이었다.

동물의 유골에 대한 연구는 동물의 평균 크기가 커졌음을 보여준다. 이는 영양 섭취가 더 좋아졌다는 뜻이자 자연선택의 한 형태로 추측해볼 수 있다. 인간의 유골을 다룬 연구에서는 귀족과 농민 사이에 큰 차이가 존재하긴 하지만, 당시 사람들의 위생 상태가 전반적으로 개선됐다는 사실을 마침내 확인할 수 있었다.

성장은 어디에서 오는가?

성장이 있었다는 사실은 분명하지만 성장의 원인을 다룬 연구 결과는 일치하지 않는다. 전통적인 견해는 바이킹과 마자르족, 사라센족의 침략이 끝나면서 되찾은 평화, 농지 확대(그 유명한 '위대한 개간') 그리고 무엇보다 농기구에 사용된 철과 10세기에 북부 평야에서 처음으로 확인된 쟁기의 발명으로 이룬 기술의 진보를 강조한다. 하지만 쟁기가 널리 사용되는 데에는 200년이 걸렸고 역사학과 고고학 연구에서는 외부 침략의 영향이 크지 않았다고 봤다. 특히 고고학 연구에 따르면 철은 카롤링거 시대부터 이미 빈번하게 사용됐으며 시골은 8세기에서 9세기 사이에 이미 충분히 '개방'되어 있었다. 즉 시골에는 인간이 경작을 하고 살았던 흔적이 있었다. 따라서 새로운 토지 경작은 큰 영향을 미치지 않은 것으로 보인다.

이보다 설득력이 있는 두 번째 분석은 장원의 역할을 강조한다. 영주들과 기사들은 자신들의 생활방식에 드는 비용이 점점 증가하면서 농민들로부터 세금을 더 많이 걷었을 테고, 이는 농민들이 (이미 과거에 그래왔음에도) 더 많이 생산하도록 더 오래 일하게 강제했을 것이다. 이렇게 영주의 탄압이 심해진 것은 거의 확실한 사실로 보이지만 '봉건 변혁'을 주장하는 역사학자들이 생각하는 것처럼 탄압이 폭력적인 방식으로 집중된 것은 아니었다. 사실 영주의 압박은 수백 년에 걸쳐 나타났으며 가장 심했던 시기는 12세기였을 것으로 추정된다. 그레고리오 개

혁 이후 세속 영주들은 교회로부터 걷었던 소득, 특히 십일조가 성직자들과 수도사들의 손에 들어가면서 잃게 된 부분을 보충해야 했다. 특히 이때는 '수확물'에 부과하는 세금이 확산됐다. 세금의 총액은 정해져 있지 않았지만 십일조를 계산하는 방식처럼 수확량에 비례해 계산했다. 무엇보다 영주의 탄압은 전 지역에서 동일하게 나타나지 않았다. 프랑스의 서쪽 지역처럼 일부 지방에서는 영주의 억압을 겪지 않았는데도 상당한 성장을 보였다. 따라서 영주의 탄압이 아닌 다른 원인을 성장과 관련지어야 한다.

다른 원인 중 두 가지를 우선시할 수 있는데 첫 번째 원인은 기후 조건 개선과 관계가 있다. 10세기에서 13세기는 기후가 거의 최적인 시기였다. 기온이 올라갔고 봄과 가을에는 비가 덜 왔으며 겨울은 덜 혹독했다. 흉작이 드물었기 때문에 농민들은 식량을 충분히 비축해서 매해를 버티고 빚을 지지 않고 씨를 다시 뿌릴 수 있었다. 두 번째 원인은 농민들이 식량 경작지에서 더 많이 일하게 됐다는 사실을 강조하고 있다. 곡식이나 포도가 나는 경작지와 달리, 뜰에서 재배하는 식량과 양, 닭, 오리 사육은 영주의 과세를 충분히 피할 수 있었다. 따라서 농민들은 이러한 식량 경작지와 가축을 더 중시하게 됐다. 이곳에서 나는 채소와 콩류 식물에 더해 닭과 오리 사육으로 얻는 생산물이 곡식으로 끓인 죽과 빵 외에 일상 식량의 대부분을 차지했기 때문이다. 이는 '빵과 함께 먹는 것' 또는 '빵에 곁들이는 것'이라고 불렀다. 이렇게 식량이 풍부해지고 다양해졌다는 점이 당시 사람들의 건강 상태와 생활환경 개선에 직접적인 원인으로 작용한 것으로 보인다.

선순환

일부 역사학자들은 영주의 탄압, 토지의 구성(경작지 분배), 공동체의 결속으로 인한 결과를 부각하면서 성 주변으로 인구를 다시 모이게 만든 재집중의 역할 또한 강조했고 진정한 '마을의 탄생'을 언급했다. 그런데 고고학 연구에서 보여주듯이, 이러한 재집중은 8세기부터 13세기까지 오랜 기간에 걸쳐 일어난 과정이었다. 재집중은 성보다는 11~12세기부터 묘지가 결합된 교회 주변에서 더 많이 일어났으며 영주의 압박보다는 사회와 종교 논리의 지배를 받았다. 이는 전체적으로 나타난 현상은 아니었으며 주거지는 계속 여러 지역에 흩어져 있었다.

토지의 변모에는 그 자체로 오랜 시간이 걸렸고 토지 구획 형태나 도로 체계는 고대 또는 프랑크 시대의 유산을 많이 물려받았다. 자연 풍광을 바꾼 위대한 개간은 사실 비옥하지 않거나 접근이 어려워서 그때까지 거의 개발되지 않은 토지와 일부 지역에만 국한됐다. 이와 관련해서 오늘날 수도사들의 활동이 더 잘 알려져 있는 이유는 글을 잘 썼던 수도사들 덕분에 문자로 된 고증 자료가 잘 남아 있기 때문이다.

경제와 인구의 비약적인 성장을 설명하려면 결국 다양한 원인을 결합해봐야 하며, 이러한 여러 원인이 모여서 선순환이 이루어졌다고 볼 수 있다. 이러한 활기는 카롤링거 시대부터 시작됐고 13세기 중반까지 계속됐는데 그 결과는 지역마다 매우 달랐다. 센 강과 라인 강 사이, 생드니 또는 생제르맹데프레 지역과 같은 수도원의 대토지에서는 이미 9세기에 성장 활력이 넘쳤다. 10세기와 11세기에는 지중해 지역, 론과 센 유역 그리고 플랑드르와 피카르디 평야에서 활발한 성장이 일어났고 12세기에는 전 지역에서 나타났다.

불안정과 불평등

생활환경의 전반적인 개선은 영주가 부과하는 세금이 점점 무거워졌지만 농민들이 이를 수용했고 반란이 드물었다는 이유로 대부분 설명된다. 하지만 번영이 불안정을 종식하지는 않았다. 요컨대 농사는 식량 생산과 자가소비를 위해 계속됐다. 하지만 수확물은 날씨의 불확실성에 취약했다. 무엇보다 봄과 여름에 내리는 비는 밀에 피해를 입혔고 한파와 우박은 포도가 익기도 전에 죽게 만들었다. 곳간이나 곡물 창고, 땅속 보관 창고의 저장 용량은 얼마 되지 않았고 흉작이 들 경우에는 지역 간 교환으로도 취약한 저장량을 충분히 보완할 수 없었다. 토지를 비옥하게 하려면 비료가 필수적이었는데 가축 사육으로 비료의 양을 맞추기에는 너무나 부족했다. 매년 대다수 토지의 생산성이 떨어졌기 때문에 휴경지로 둬야 했다. 따라서 안정적인 식량 공급이 어려웠고 흉년은 뜸해도 사라지지는 않았다. 게다가 몇몇 흉년은 동시대인들에게도 강한 인상을 남겼다. 예를 들어 라울 글라베르Raoul Glaber의 연대기에 따르면 1032년에서 1034년 사이 흉년이 들었던 시기에 사람을 잡아먹는 극단적인 사례가 있었다. 1124년에서 1126년 사이에도 흉년이 들었는데, 플랑드르 백작은 (비록 성공을 거두지는 못했지만) 밀 가격의 급등을 진정시키고 더 빨리 여무는 완두콩과 잠두콩으로 곡식을 대체하려 했다.

> **교역이 발달하면서 일반 민중보다 높은 위치에 있는 새로운 중간 사회 계층이 등장했다.**

이러한 불균형은 농민들의 경제 활동을 위해 경작하지 않는 땅이 무엇보다 중요하다는 사실을 보여준다. 즉 숲, 황야, 황무지나 늪지대 같은 곳은 돼지와 염소, 양, 젖소, 소를 방목하기 위해 없어서는 안 될 장소였다. 숲, 갈대밭, 버드나무숲은 연장과 울타리를 만드는 데 사용됐으며 건축에 필요한 목재와 추위를 견디기 위한 땔감과 숯을 공급해줬다. 낚시, 사냥, 채집(열매, 호두, 개암, 밤)은 특히 곡물이 부족한 시기에 아주 유용하게 식량을 보완해주는 수단이었다. 따라서 영주들이 비경작지에 농민들의 접근을 제한하거나 이 땅을 자신들이 사냥을 하기 위한 용도로 남겨뒀을 때 농민들과 영주들 사이에서 상당한 분쟁이 일어났다는 사실은 놀랍지 않다.

비약적인 경제 성장은 불평등을 줄이지 못했고 오히려 늘어나게 만든 듯 보인다. 가장 확실한 불평등은 귀족 계급과 사회의 나머지 계급을 다른 처지에 놓이게 만들었다. 경제 성장은 무상 또는 거의 비용이 들지 않는 풍부한 노동력과 시장에 유통할 수 있는 포도주와 곡식을 가장 많이 소유한 영주들에게 특히 도움이 됐기 때문이다.

교역이 발달하고 일부 장원이 이러한 교역에 참여하면서 영주의 업무를 담당하는 관리나 수공업자, 상인 같은 새로운 중간 사회 계층이 등장했다. 이들은 수가 많지도 않았고 하는 일이 통일되지도 않았지만 시골뿐만 아니라 도시에서도 일반 민중보다 높은 위치에 있었다. 농민들 내에서도 사회 계층이 모습을 드러내기 시작했다. 쟁기를 소유한 자나 방앗간 주인, 세금 징수를 담당하는 사람들처럼 영주의 업무를 행하는 자들은 신분이 눈에 띄게 나아졌다. 주로 이러한 사회 계층에 속한 사람들이 영주가 정한 규정을 수정하기 위해 영주와 협상해야 할 때 농촌 공동체의 초기 대표로 선출됐다.

카페 왕조, 프랑스의 시초인가?

'영원한 프랑스' 예찬자들 마음에는 들지 않는 말이겠지만
프랑스가 오늘날과 같은 모습을 갖추기까지는 아주 많은 시간이 걸렸다.
이를 이해하려면 당시의 귀족들을 분열시킨 지략으로 987년에 왕위에 오른
위그 카페의 운명을 살펴보는 것으로 충분하다. 그가 물려받은 프랑크 왕국에는
너무나 다른 사람들이 모여 있었다. 왕국의 국경은 끊임없이 바뀌었고
오늘날 프랑스의 지형을 나타내는 육각형 모양이 전혀 아니었다.

카페 왕조, 프랑스의 시초인가?

그리 오래되지 않은 1987년에, 프랑스 공화국은 987년에 프랑스 왕위에 오른 위그 카페의 즉위 1,000주년을 공식적으로 기념했다. 근대 민주주의의 토대가 된 사건인 1789년 프랑스 혁명 200주년을 기념하기 2년 전, 이 기념식은 프랑스의 시초가 카페 왕조와 왕정에 긴밀하게 연결되어 있으며 아주 오래됐다는 것을 보여줬다. 이러한 생각은 19세기부터 프랑스 역사 소설에 깊이 뿌리내렸다. 위그 카페(재위 987~996)는 '프랑스를 만든' 왕 중 첫 번째 왕으로 보이며 프랑스 공화국은 이 왕들의 유산을 물려받았다고 추정된다.

그런데 이건 확실한 사실은 아니다. 987년에 무슨 일이 있었던 것일까? 프랑스 역사에서 정말로 중요한 사건이었을까? 위그 카페의 왕국은 '프랑스'였을까? 당시에 '프랑스'는 무엇이었을까? 은연중에 왕국과 국가를 혼동하지 않았을까? 사람들은 소속감을 느꼈을까? 만약 그렇다면 소속감은 모든 사람들과 공유됐을까? 이 모든 질문에 답하기는 쉽지 않지만 신중하게 살펴보면 여러 사회 통념과 몇몇 모호한 부분을 제거할 수 있다.

새로운 왕조

10세기 말, 샤를마뉴 대제의 직계 후손인 카롤링거 가문의 왕들이 여전히 서프랑크 왕국을 다스리고 있었다. 하지만 로테르 왕은 986년 3월, 젊은 나이에 목숨을 잃었고, 그의 아들 루이 5세는 987년 5월 21일에 사망했다. 이로 인해 왕조의 위기가 시작됐는데 루이 5세에게는 후계자가 없었기 때문이다. 따라서 9세기부터 대관식을 거행해온 도시, 랭스의 대주교 아달베롱의 요청으로 파리 옆에 위치한 상리스에서 주교들과 세속 제후들의 회의가 열렸다.

이 회의에서 로테르의 동생이자 루이 5세의 작은아버지인 바스로타링기아 공작 샤를이 떨어지고 역사학자들이 '로베르'라고 부르는 가문 출신인 위그가 선택됐다. 위그는 왕국의 제후 중 가장 강한 권력을 지니고 있었다. 그는 이전에 아버지가 그랬듯이 프랑크 공작 작위 덕분에 다른 귀족 계급보다 우위에 있었다. 위그는 파리와 오를레앙의 백작 작위를 가지고 있었으며, 루아르 강 유역에 있는 수많은 가신을 지배했고, 생마르탱 드 투르, 생드니처럼 왕실과 관련된 대성당의 고위 성직자들과 특혜 관계를 유지했다. 상리스는 위그의 영토에 있었고 랭스의 대주교 아달베롱은 위그의 동맹이었다. '투표'는 분명 잘 계획되어 있었고 일부 역사학자들은 마치 '단

위그는 왕권을 자신의 가문에 뿌리내리려고 생전에 아들 로베르를 987년 크리스마스부터 왕위에 올렸다.

신왕' 페팽이 751년에 메로빙거 왕조의 마지막 왕을 폐위하고 권력을 차지한 것처럼 이 투표를 쿠데타라고 서슴없이 표현했다. 어쨌든 위그의 즉위에 반대 의견은 거의 없었다. 남부 지역 제후들은 위그의 즉위에 무관심했다. 효과적인 유세로 바스로타링기아 공작 샤를의 권위는 떨어졌고 샤를은 외부인처럼 여겨졌다. 그는 991년에 감옥에서 죽었고 금방 기억에서 잊혔다. '패자에게 화 있으리'라는 표현처럼 말이다.

위그는 왕권을 자신의 가문에 뿌리내리려고 생전에 아들 로베르를 987년 크리스마스부터 왕위에 올렸다. 이는 자신의 전임자였던 루이 5세를 모방한 행동이었는데 루이 5세 또한 신성 로마 제국 황제들을 따른 것이었다. 위그의 자손이 번성하면서 카페 왕조는 우리가 알다시피 무려 프랑스 혁명 때까지 존속했다. 그런데 왕조의 이름이 갖춰지기까지는 얼마간의 시간이 걸렸다. 위그는 1110~1120년대가 되어서야 '카페'라는 별명을 얻었는데 이는 프랑크 왕들의 수호성인인 마르티누스의 제의(미사복, 샤프chape—옮긴이)(라틴어로 카파capa)에서 유래했다. 이 미사복은 왕실 '예배당'(샤펠chapelle—옮긴이)의 수장고에 보관되어 있었다. 12세기 말, 앵글로·노르만 연대기 작가 라울 드 디세토Raoul de Diceto는 처음으로 이 별명을 모든 계보에 확대했다. 그때부터 '카페' 왕조는 이 이름으로 인정받게 됐다. 마지막 단계로 1267년에 루이 9세(재위 1226~1270)가 생드니 대성당 내부에 메로빙거, 카롤링거, 카페 왕조로 이어지는 왕실 묘역 공간을 재배치했다. 이렇게 987년의 왕권 교체와 바스로타링기아 공작 샤를을 제거한 일은 사실상 희미해졌다.

그런데 987년에 중요한 정치적 변화가 있었을까? 분명 그렇지는 않았다. 첫째로, 위그 카페는 신참이 아니었기 때문이다. 그는 카롤링거 가문과 관계가 있는 프랑크 귀족 계급의 명문가 출신이었고 가문의 일원 중 몇몇은 이미 왕위에 오른 바 있었다. 888년에는 외드 그리고 922년에는 위그의 할아버지인 로베르가 왕좌에 앉았다. 923년에 선출된 라울 또한 친척 관계였는데 그는 로베르의 여동생의 남편이었다. 따라서 987년에 위그는 왕권을 행사할 어느 정도의 정통성을 가지고 있었다. 둘째로, 귀족들에 의한 왕위 선출은 새로운 방식이 아니었다. 서프랑크 왕국에서는 이미 888년, 920년, 922년에 투표로 왕을 선출했다. 이웃 왕국에서도 마찬가지였는데 카롤링거 왕조는 911년부터 동프랑크 왕국의 왕위에서 제외됐다. 투표 절차는 매번 고위 귀족이 주도했다. 귀족들은 혈연을 존중하기보다는 그들 내부에서 더 역량이 있어 보이는 자를 왕으로 선출하

길 선호했다. 게다가 위그 카페의 즉위는 그 어떤 큰 변화도 가져오지 않았다. 왕실의 이념은 같았다. 대관식을 통해 왕은 '주의 축복을 받은 자', 즉 신의 선택을 받은 자가 됐다. 그는 교회를 보호하고 정의와 평화를 준수하는 데 힘써야 했다. 궁정의 관례나 정치적 관행과 마찬가지로 왕권의 상징도 그대로였다. 우리가 오랫동안 생각했던 것과는 달리, 일드프랑스 Île-de-France의 귀족 계급이 1040년대부터 요직을 차지했지만 고위층은 왕의 측근 자리를 떠나지 않았다. 카페 왕조 초기의 왕들은 힘이 약했다는 관례적인 이미지와는 달리, 카페 왕조의 영토는 987년의 사건으로 오히려 견고해졌다. 물론 카페 왕조는 신성 로마 제국이나 잉글랜드의 왕들보다 권력이 훨씬 약했지만 15개에서 20개의 주교구를 지배한 덕분에 제후들을 잘 다스릴 수 있었다.

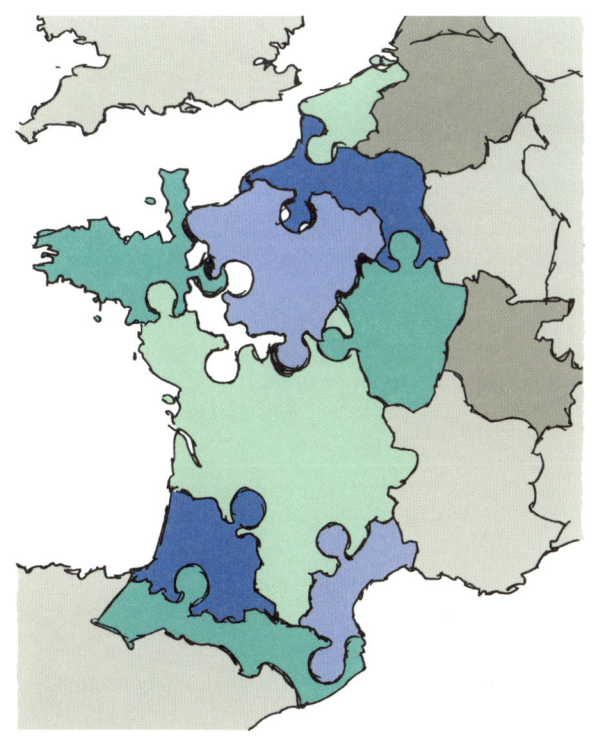

상속받은 왕국

그렇다면 987년에 위그 카페가 왕위에 오른 서프랑크 왕국은 어떤 왕국을 의미할까? 서프랑크 왕국은 '경건한' 황제 루이의 세 아들이 843년에 그 유명한 베르됭 조약으로 제국을 나누면서 '대머리왕' 샤를(재위 843~877)이 차지한 카롤링거 제국의 일부에 해당한다. 세 왕국(동프랑크 왕국, 중프랑크 왕국, 서프랑크 왕국)은 바다와 피레네 산맥, 그리고 에스코 강, 뫼즈 강, 손 강, 론 강으로 이루어진 '4개의 강'으로 경계 지어졌다. 가장 어린 샤를은 이 중 서프랑크 왕국을 상속받았다. 이 왕국은 앙시앵레짐Ancien Régime의 프랑스나 오늘날 프랑스의 모습과는 일치하지 않는다. 알자스부터 프로방스까지는 그의 왕국에 포함되지 않았는데, 이 지역은 중프랑크 왕국에 속했고 스위스와 이탈리아 북부 그리고 오늘날 베네룩스라고 부르는 지역을 포함했다. 한편 북부와 남부에서 서프랑크 왕국은 플랑드르(오늘날의 벨기에 지역)와 카탈루냐(오늘날의 스페인 지역)를 포함했다.

후계자 수가 많아지고 동프랑크 왕국에서 왕위를 아들에게 물려주는 관행의 영향을 받으면서 10세기부터는 프랑크 왕국의 관례와는 달리 더 이상 왕국을 나누지 않게 됐다. 이제는 장남만이 왕의 지위를 차지하고 영토 전체를 물려받았다. 남동생들은 교회로 보내지거나 이름뿐인 '명예'를 얻었다. 즉 영토 일부를 받고 큰형에게 복종해야 했다.

한편 카페 왕조 초기의 왕들은 로타링기아 지역을 되찾는 것을 포기하면서 진정한 지정학적 단절을 직접 겪었다. 이 지역(대략 현재의 베네룩스와 프랑스의 로렌 지역)은 중프랑크 왕국의 북부 지대로 황제 루이의 장남인 로테르가 843년에 상속받았다. 로타링기아라는 지명은 로테르의 이름에서 유래했다. 이 지역은 옛 제국의 중심이자 특히 수도였던 엑스라샤펠을 포함하고 있어서 모두가 탐내는 곳이었다. 로타링기아 지역은 전쟁과 상속을 거치면서 925년에 서프랑크 왕국의 왕들에게서 동프랑크 왕국의 왕들에게 넘어

THE MIDDLE AGES 1

갔다. (잘 따라오고 있나요?) 911년 이후, 동프랑크 왕국의 왕들은 더 이상 카롤링거 가문 출신이 아니었기 때문에 여전히 카롤링거 가문 출신인 서프랑크 왕국의 왕들이 (계속 잘 따라오고 있나요?) 공격을 확대했지만 그다지 성공을 거두지 못했다. 로베르 가문은 동쪽의 왕들과 동맹을 맺기로 결정했다. 위그 카페의 아버지 위그 르 그랑Hugues le Grand은 오토 1세의 여동생과 결혼했다. 따라서 987년에 위그 카페는 신성 로마 제국 황제의 가까운 친척이었다. 그런데 신성 로마 제국의 황제 입장에서는 로타링기아 지역을 서프랑크 왕국에 합치려고 할 바스로타링기아 공작 샤를이 왕위에 오르지 못하는 편이 더 좋았다. 따라서 그는 아달베롱의 도움으로 위그를 지지했다. 서프랑크 왕국 귀족들의 입장에서는 로타링기아 지역이라는 지난날의 영광을 되살리기 위해 강한 이웃에 맞서 전장으로 돌아가고 싶은 마음이 별로 없었고 그들과 더 비슷한 이해관계를 가진 왕을 원했다. 따라서 위그 카페가 선출된 것은 서프랑크의 귀족들과 신성 로마 제국의 황제들 사이의 이익이 합쳐져 만들어진 성과이기도 했다.

프랑스 역사 소설에서는 이러한 면을 그다지 자세히 다루고 있지 않다는 사실을 우리는 알고 있다. 1870년 이후, 프랑스 공화국은 알자스-로렌 지역의 반환을 요구한 반면, 위그 카페가 선출된 것이 신성 로마 제국의 지지를 받았으며 후에 로렌 지역이 된 로타링기아를 포기하는 대가였다는 사실을 인정할 수는 없었다. 이렇게 이익이 합쳐지면서 만들어진 결과가 지속적이었기 때문이다. 카페 왕조는 수백 년 동안 더 이상 동쪽 지역으로 영토를 넓히지 않았고 로렌 지역은 1766년이 되어서야 프랑스로 돌아왔다.

다양한 민중

987년 이전처럼 987년 이후에도, 군주는 '프랑크족의 왕'(렉스 프랑코룸rex Francorum)이라는 호칭을 썼다. 왕이 '민중', 즉 영토보다는 귀족 계급에 권력을 행사했기 때문이다. 그런데 프랑크족(프랑키Franci)과 (프랑크 왕국이나 프랑스로 쓸 수 있는) 프랑키아Francia라는 표현은 오랫동안 그 뜻이 불분명했다. 사실, 중프랑크와 동프랑크의 왕들과 귀족들 또한 자신을 프랑크족이라고 말할 수 있었다. 12세기 초부터 동쪽 왕국의 중심에 있었던 한 지역은 심지

국가는 오일어 방언을 사용하는 북부 국가와 오크어 방언을 말하는 남부 국가로 구분됐다.

어 프랑코니Franconie라고 불렀다. 10세기에서 11세기 동안에야 동쪽의 왕들은 '튜턴인의 왕' 또는 '튜턴인'이라는 칭호를 위해 이 표현을 버렸다. 그리고 12세기가 되어서야 튜턴 왕국 대신 독일이라는 명칭을 붙였다. 카페 왕조는 프랑크족의 이름과 유산을 손에 넣으려고 이러한 상황을 이용했다. 오래전부터 프랑키아라는 명칭에 나란히 붙어 있었던 '서쪽의'라는 뜻을 가진 형용사는 빠르게 효력을 잃었다. 이제 그들만이 유일한 '프랑크족의 왕들'이었다. 12세기 초에 생드니의 수도원장 쉬제(재임 1122~1151)가 쓴 글에서는 심지어 카페 왕조만이 클로비스 왕과 샤를마뉴 대제의 유일한 직계 후손이라고 했다. 하지만 동시에, 프랑키아의 지리적 의미는 계속해서 줄어들어 먼저 10세기에는 루아르와 뫼즈 사이의 지역, 이후 11세기에는 넓은 파리 지역, 마지막에는 작은 일드프랑스(이 명칭은 1387년이 되어서야 나타났다)를 가리켰다.

한편 왕국 내에서 인구의 다양성은 엄청났다. 이러한 다양성은 관습, 관행, 언어에 영향을 미쳤다. 이론의 여지는 없지만 대단하지는 않았던 왕의 권력

보다는 기독교와 교회가 일반적으로 로마 가톨릭교 내에서 모두를 통합하면서 이렇게 여러 가지가 뒤섞인 전체에 단일성을 부여했다. 가장 큰 차이는 북부 국가에서는 오일어 방언을 사용했고 남부 국가에서는 오크어 방언을 말했다는 사실이다. 각각의 지역은 고유의 문화적 특징을 지니고 있었다. 예를 들어 남부 지역에서는 법률 행위에 관련된 사항은 주로 문서를 사용했고 로마법도 일부 남아 있었다. 농촌 경제도 몇몇 특징을 보였는데 포도밭과 올리브 나무, 보리와 호밀, 양과 염소 사육을 흔히 볼 수 있었다. 사회 구성원도 다양했다. 남부에는 도시가 많았고 도시는 사람들로 붐볐다. 도시에는 귀족과 기사들이 많이 거주했고 유대인 공동체도 흔히 볼 수 있었다. 이슬람교 국가와 인접해 있어서 금화와 동방의 물건들도 있었다. 몇몇 풍습은 (이미 이때부터) 북부 사람들의 비웃음을 사기도 했다. 프랑크의 연대기 작가들은 프로방스 백작의 딸에서 '경건왕' 로베르(재위 996~1031)의 아내가 된 콩스탕스 왕비의 기사들을 다음과 같이 비꼬았다. "기사들의 수염 없는 얼굴, 긴 머리, 지루한 말투, 아름다운 옷은 그들에게 '여성스러움'을 가져다준다." 그런데 지리적인 거리 또한 정치에 영향을 미쳤다. 북부와 루아르 남부의 귀족들이 함께 모인 귀족 회의의 기원은 889년으로 거슬러 올라간다. 1019년에서 1020년경 '경건왕' 로베르의 순례단을 제외하고는 950년경 이후부터 왕은 루아르 지역으로 더 이상 건너가지 않았다. 남부의 제후들도 더 이상 왕의 궁정에 오지 않았다. 당연히 987년에 남부의 제후들 가운데 그 누구도, 남부의 그 어떤 주교도 위그 카페의 투표에 참여하지 않았다.

어느 '파트리아'?

이 모든 것은 왕국의 백성들 간에, 심지어 귀족 계급 내에서도 단일성이 없었다는 사실을 보여준다. 그렇기에 백성들은 스스로 '프랑스인'이라고 여길 수 없었고 결코 '프랑스인'이라고 말하지 않았다. 특히 루아르 북부 지역 귀족들은 여전히 스스로 카롤링거 시대의 권력자의 후손인 프랑크족이라고 여겼다. 1066년에 잉글랜드를 정복한 노르망디 사람들 또한 11세기 말, 유명한 바이외 자수품에서 프랑크족이라고 지칭됐는데 도버 해협 너머, 프랑크족의 국가에서 왔기 때문이다. 11세기에서 12세기로 넘어가는 전환기에, 오늘날 프랑스 북부 출신이 대다수였던 십자군 또한 라틴, 비잔틴과 아랍 국가의 연대기 작가들에 의해 프랑크족이라고 지칭됐다. 십자군은 그들의 위업을 샤를마뉴 대제와 롤랑이 이룬 업적의 연장선처럼 여겼다. 샤를마뉴 대제와 롤랑을 다룬 무훈시는 신화를 만들어내고 있었다.

실제로 (샤를 트레네Charles Trenet 이전에!) 《롤랑의 노래》에서 프랑스어, 즉 옛 프랑스 오일어로 '아름다운 나라 프랑스'를 처음으로 언급한 것은 중요한 사실이었다. 《롤랑의 노래》는 과거의 구전 신화를 바탕으로 1100년경 쓰였으며 778년 롱스보 전투에서

1121년, 루이 6세는 처음으로 자신을 '프랑스의 왕'이라고 소개했다. 그런데 대체 어느 프랑스를 의미하는 것일까?

의 영광스러운 패배(연이은 패배 중 첫 패배)를 떠올리게끔 했다. 《롤랑의 노래》에도 사용된 '프랑스의'(프랑세이스Franceis)라는 단어처럼 '아름다운 나라 프랑스'라는 표현은 카페 왕조의 중심이자 11~12세기에 왕권이 뻗어나간 일드프랑스와 분명한 연관이 있었다. 당시의 왕권은 왕국 전체에 미치지 않았고 오늘날의 프랑스 전체로 보면 왕권이 영향을 미친 지역은 더더욱 작았다. 봉건 시대의 노래에서 볼 수 있는 롤랑과 샤를마뉴 대제 그리고 이들의 주변 사람들에게 이 프랑스는 그들 조상의 땅, 그들의 '파트리아', 즉 조국이었다. 따라서 문학을 통해 미래 프랑스의 틀이 된 프랑키아에 대한 재정의가 이루어졌다. 단지 틀이라고 하는 이유는 12세기 초에 프랑스 북부의 귀족들, 특히 일드프랑스의 귀족들만이 프랑스에 소속감을 느꼈던 것으로 보이기 때문이다. 일반 농민들은 왕국의 나머지 귀족들처럼 아직 소속감을 느끼고 있지 않았다. 농민들에게 조국은 그들이 사는 마을과 마을 근처였고, 귀족들에게는 그들이 충성, 우호, 혈족 관계로 연결되어 있다고 인식하는 제후가 다스리는 공국이 조국이었다.

시간이 많이 지난 후, 19세기부터 《롤랑의 노래》는 프랑스 문학의 토대가 되는 작품이자 13세기에 국가 전체를 의미하게 된 왕국을 중심으로 시간의 흐름에 따라 얻은 주도권을 잘 보여준 작품으로 여겨졌다. 12세기 초에는 또 다른 문학이 오늘날의 프랑스 남부에서 엄청난 빛을 발했기 때문이다. 바로 오크어로 부른 트루바두르의 시이다. 아키텐 공작 기욤 9세(재위 1086~1127)는 트루바두르의 선구자였다. 오늘날 이탈리아는 이러한 시를 이탈리아 문학의 전통과 심지어 언어의 시초로 두고 있으며 단테와 페트라르카가 여기서 영감을 얻었다고 생각할 정도이다. 무훈시와 아서왕을 다룬 소설과 함께 이러한 시가 중요성을 되찾은 것은 11세기에서 12세기의 카페 왕국이 어땠는지를 더 정확하게 보여줬다. 바로 다른 목소리를 내는 여러 사회로 이루어진 모습이었다.

1121년에 카페 왕조의 루이 6세는 교황에게 보내는 서신에서 처음으로 자신을 '프랑스의 왕'(렉스 프랑시아에rex Franciae)이라고 소개했다. 이는 그의 권력이 더 이상 백성이 아닌 영토에 관련된다는 것을 보여주는 새로운 칭호였다. 그런데 대체 어느 프랑스를 의미하는 것일까? 베르됭 조약으로 나누어진 과거의 서프랑크 왕국, 프랑크족으로부터 물려받았다고 주장하는 신화의 땅, 아니면 파리를 수도로 두고 왕이 소유한 영토의 중심을 이루는 작은 일드프랑스? 아마도 이 셋이 모두 조금씩 섞인 프랑스를 의미했을 것이다.

주요 인물들의 희미한 형상

역사학자가 가지고 있는 자료로는
봉건 시대 인물들을 정확하게 파악하기에 충분하지 않다.
사실에 충실한 그림이 없으므로 이 시기 '주요 인물들'의 모습조차 불분명하다.
당시의 종교적, 정치적, 문학적 필요성에 의해 가공된 데다가
시간이 흐르면서 왜곡되어버린 모습은 결국 희미한 형상만 어렴풋이 보여줄 뿐이다.

오동의 제자와 전기 작가 장 드 살레르노Jean de Salerne 덕분에 오동 드 클뤼니Odon de Cluny(879~942년경)의 삶과 관련된 정보는 아주 많이 남아 있다. 그는 로마법에 정통한 발 드 루아르 귀족 가문의 아들이자 아키텐 공작 기욤 1세의 친척이었다. 오동은 미래의 앙주 백작인 붉은 풀크Foulques le Roux의 성과 기욤 공작의 성에서 보살핌과 교육을 받으며 자랐다. 그는 이곳에서 세속의 교육을 받은 후, 899년에 투르의 생마르탱 수도원에서 의전 사제가 되었고 이후 파리로 갔다. 이 두 도시에서 그는 종교 교육을 받았다. 908년 직전에 오동은 더 철저한 생활 방식을 택하기로 결심하면서 먼저 은자의 삶을 살았고 이후 부르고뉴 왕국에 있는 봄므 수도원에서 검은 수도복을 입었다. 그는 910년에 기욤과 그의 아내가 클뤼니의 새로운 수도원을 다스리도록 선택한 자신의 수도원장 베르농을 따랐고, 건립 헌장을 작성했다. 오동은 927년에 베르농의 뒤를 이었다. 그는 발 드 루아르와 플뢰리를 거쳐 부르고뉴부터 아키텐까지 분산되어 있는 수많은 교단을 개혁하기 위해 귀족 계급과의 관계를 잘 이용했다. 특히 플뢰리에는 성 베네딕트의 유골이 안치되어 있었고 성 베네딕트 규칙은 9세기부터 모든 수도원이 의무적으로 따라야 할 규범이었다. 오동이 수도원장으로 재임하던 당시 이 여러 교단은 클뤼니 수도회에 종속되지 않았지만 대신 오동은 수도원장직을 겸직했다. 이는 여러 장원을 소유한 봉건 대영주와 다소 비슷한 모습이었다. 클뤼니 수도회는 994년에서 1049년까지 재임한 오딜롱 수도원장의 임기부터 만들어졌다. 그는 수도사를 천사 계급과 동일시하고 수도원을 천국의 전 단계로 해석하면서 의식 거행과 육체적 관계의 포기를 강조했다.

로베르 다르브리셀Robert d'Arbrissel(1045~1117년

경)이라는 인물 또한 그의 인생을 다룬 많은 이야기 덕분에 꽤 잘 알려져 있다. 하지만 당시에 그는 상당한 논란을 일으킨 인물이었다. 대대로 성직자를 배출한 가문 출신이자 성직자의 아들이었던 그 자신도 처음에는 렌 교구에 있는 아르브리셀의 작은 본당 성직자였다. 1078년, 성직자들의 금욕과 순결을 요구하는 그레고리오 개혁을 지지하는 사람들의 연설은 로베르를 크게 뒤흔들었고 깊은 죄책감을 느끼게 했다. 그는 자신의 본당을 나왔고 아마도 아내와 이혼을 한 뒤 파리에 있는 학교로 공부를 하러 떠났다. 렌의 성직자들을 개혁하려고 한 헛된 시도 후, 1095년경 로베르는 은둔과 고행의 삶을 살기 위해

& 흰 수도복을 입은 수도사

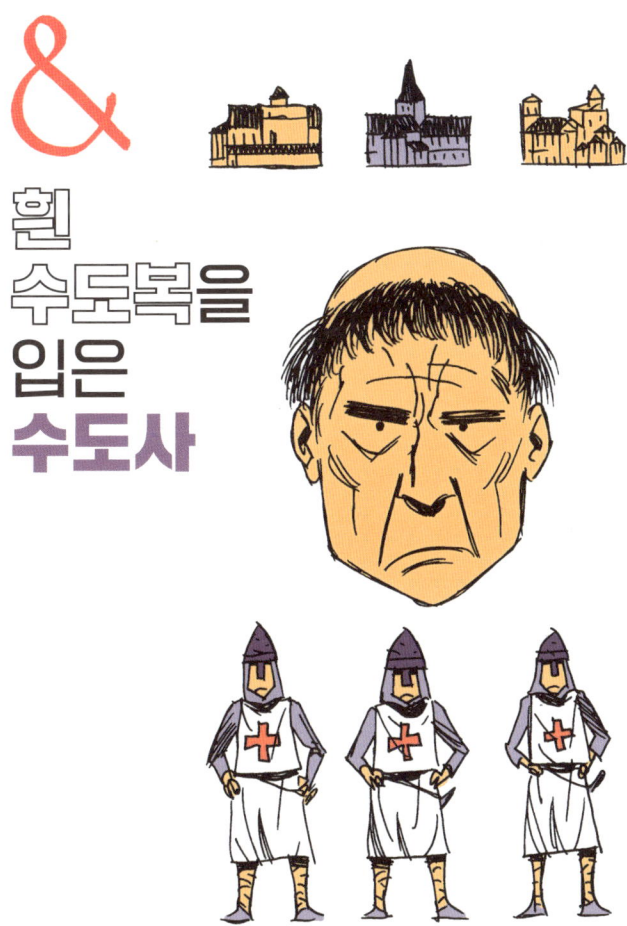

크라옹 숲에서 칩거했다. 돼지털로 만든 거친 옷을 입고 금욕 생활을 하며 궁핍한 삶을 살았다. 1096년에 교황 우르바노 2세로부터 설교를 할 수 있는 허가를 받으면서 그는 예수의 사도처럼 순회와 설교의 삶에 뛰어들었다. 브르타뉴, 앙주, 푸아투 끝까지 복음을 전했고 세속인의 보호를 받는 교회 그리고 육체적 관계, 돈과 관련된 성직자의 잘못된 행동을 비난했다. 얼마 지나지 않아 다양한 사람들, 특히 가족과 사회로부터 버림받은 여자들이 그를 따랐다. 이들은 일방적으로 이혼당한 귀족 부인들, 과부들, 성직자들에게 버림받은 동거녀들, 과거에 매춘부였던 여성들이었다. 이는 여자들과 뒤섞여 지낸다는 사실을 비난한 렌의 주교 마르보드에게는 유감스러운 일이었다. 하지만 로베르는 이 여성들을 옆에 뒀고 1101년에서 1106년 사이에 퐁트브로에 설립한 아주 새로운 수도원에서 여성들에게 심지어 특별한 지위까지 마련해줬다. 그는 자신이 죽은 이후의 수도원 관리를 한 여성에게 맡기기까지 했다. 그래도 귀족 출신의 여자이기는 했다.

12세기의 대스타, 베르나르 드 클레르보는 이들과는 아주 다른 인물이었다. 부르고뉴 귀족 가문 출신인 그는 주로 기사 교육을 받았다. 그러나 1112년에 베르나르는 20여 명의 친척, 친구들과 시토 수도사들의 흰 수도복, 즉 물들이지 않은 수도복을 입기로 결심했다. 1098년에 로베르 드 몰렘Robert de Molesme이 시토 수도회를 설립했으며 성 베네딕트 규칙을 다시 엄격하게 따르도록 강조했다. 당시 시토 수도원은 겨우 명맥을 유지하고 있었는데 베르나르는 이 수도원에 활기를 불어넣었고 시토 수도회를 급성장시킨 주역이 되었다. 1115년 이후, 그는 클레르보 수도원을 세웠고 평생을 수도원장으로 지냈다. 베르나르의 뛰어난 카리스마 덕분에 시토 수도회의 수도원이 많이 세워졌다. 1153년, 그가 숨졌을 당시 유럽 전역에는 엄격하고 금욕적인 수도 생활의 이상과 혁신적인 조직으로 결속한 350개 이상의 시토 수도회 수도원이 있었다. 그가 이룬 성공으로 시토 수도회의 이상은 기사의 가치와 결합하게 됐고 새로운 종교 기사단인 템플기사단 설립은 베르나르의 전폭적인 지지를 받으며 시토 수도회의 이상을 확실하게 보여줬다. 또한 시토 수도회의 이상은 베르나르를 통해 얻은 명성 덕분에 고위층의 지지를 받았다. 베르나르는 종교 개혁 전투에 참여했고 클뤼니 수도원을 상대로 격렬한 논쟁을 늘려갔다. 그는 클뤼니 수도원의 부와 호화로운 의식을 비난했고 피에르 아벨라르와 대립했다. 베르나르는 그의 혁신적인 사상을 힐난했고 피에르는 유죄 판결을 받았다.

THE MIDDLE AGES 1

왕좌를 좇은

독일 역사학자 게오르크 바이츠Georg Waitz가 1833년에 밤베르크의 고문서에서 재발견한, 랭스의 의전 사제 리셰르가 집필한 《역사Histoires》를 통해 알게 된 귀중한 정보에도 불구하고 위그 카페는 잘 알려지지 않은 인물이다. 위그는 12세기가 되어서야 '카페'라는 별명을 얻고 그가 '카페'라는 이름을 붙인 왕조의 이름을 인정받았다. 프랑크의 귀족이자 루이 4세의 조력자 위그르 그랑의 아들이었던 위그 카페는 9세기부터 이름을 떨친 세력가 출신이었다. 역사학자들은 이 가문에 '로베르'라는 이름을 붙였다. 그런데 위그 카페는 962년에 신성 로마 제국을 재건한 게르마니아와 이탈리아의 왕 오토 1세의 여동생 에드비주의 아들이기도 했다. 프랑스 교과서에서는 거의 언급하지 않지만 위그 카페는 프랑크족의 피만큼 색슨족의 피도 가지고 있었다. 그는 960년이 되어서야 아버지의 작위와 영토를 물려받았는데 발 드 루아르에서 아버지의 가신이자 큰 권력을 가진 블루아와 앙제의 백작들이 독립하면서 영지가 줄어들었다. 이때부터 그가 지배하는 영토는 상리스-파리-오를레앙 중심 주변으로 더욱 좁아졌는데 987년에 서프랑크의 왕좌에 오르면서 이곳은 왕권의 중심이 되었다. 위그 카페는 랭스의 대주교 아달베롱의 결정적인 지지와 친척인 신성 로마 제국 황제의 암묵적인 지원으로 왕위에 오를 수 있었다. 그는 적절한 결혼 동맹으로 노르망디 공작 그리고 아키텐 공작과 결속했다. 위그 카페의 남동생 오통은 부르고뉴 공작이었다. 그의 통치 방식에는 카롤링거의 전통이 남아 있었고 권력 강화를 확고히 해주는 교회와의 특혜 관계를 발전시키면서 무엇보다 왕조의 변화를 굳건히 했다. 게다가 위그는 투르 생마르탱의 세속 수도원장이었고 20여 개 주교구를 지배했다. 대단히 인상적이게도 그는 자신이 몇 년 전에 생드니 수도원의 개혁을 맡겼던 클뤼니 수도원장 마이욀의 묘를 순

162

두 야심가

레하고 돌아온 후 숨을 거뒀다. 이후에 위그 카페는 메로빙거와 카롤링거 왕조의 수많은 프랑크 왕들과 생드니에 안장됐다.

1035년부터 노르망디 공작이었고 1066년부터 잉글랜드의 왕이었던 '정복왕' 기욤(1027~1087)은 다른 성격을 지니고 있다. 그의 통치와 잉글랜드 정복에 관련된 이야기가 확산된 덕분에 기욤은 특히 더 잘 알려져 있다. 유명한 바이외 자수품에도 기욤을 다룬 이야기가 재현되어 있다. 그는 로베르 공작과 평민 계급인 에를레브라는 여자 사이의 내연 관계로 태어났기 때문에 먼저 '서자'라는 별명이 붙었다. 지배 초기에는 여러 영주들의 반란에 맞서야 했다. 앙리 1세의 지지 덕분에 1047년에 승리한 이후, 기욤은 가까운 친척들과 봉건 구조, 큰 수도원에 의지해 그의 공국에서 권력을 확고히 했다. 그는 마틸드와의 결혼으로 플랑드르와 동맹을 맺고 멘 지역을 정복하며 프랑스 북부에서 가장 강력한 제후 중 한 명이 됐다. 그런데 그의 인생에서 가장 큰 사건은 '참회왕' 에드워드의 후계가 자신임을 주장하며 1066년에 감행한 잉글랜드 정복이었다. 그는 에드워드의 친척이었고 에드워드 왕은 1013년에서 1040년 사이에 노르망디 궁에서 환대를 받은 적이 있었다. 기욤의 경쟁자 해럴드가 전사한 헤이스팅스 전투 이후, 잉글랜드의 왕좌는 기욤에게 돌아갔다. 실제 잉글랜드 정복에는 10여 년이 걸렸고 오늘날 프랑스의 북서 지방에서 온 세속인들, 성직자들과 수도사들로 이루어진 '프랑크족'에 의한 사실상의 국가 식민지화가 수반됐다. 새로운 지정학적, 문화적 집단인 앵글로·노르만 사회가 나타나면서 이들의 지배력은 카페 왕조의 권력을 압도했고 약 150년 동안 왕국의 통일성을 위협했다. 하지만 앵글로·노르만 사회는 불안정했고 기욤은 말년에 장남의 반란에 맞서야 했다. 전투에서 심하게 다친 그는 1087년 루앙에서 숨을 거뒀고 그가 세운 캉 생테티엔 수도원에 안장됐다.

권력을 쥔 두 여자

여자들과 관련된 자료는 귀족 계급일지라도 많지 않은 편이다. 그런데 귀족 계급 여성들 중 일부, 특히 남편의 가문보다 더 위엄 있는 가문 출신일 경우 실질적인 권력을 지니기도 했다. '경건공' 기욤 1세의 아내 앙질베르주(877~919년경)가 바로 이런 경우였다. 사실 그녀의 아버지는 아주 지체 높은 프랑크 귀족인 보소니드 가문 출신이었고 어머니 쪽은 카롤링거 가문이었다. 그녀의 아버지는 왕의 지위를 지녔고 남동생 루이는 프로방스의 왕이었다. 앙질베르주는 890년에서 893년경 기욤과 결혼했는데 그녀는 남편에게 자신의 혈통이 가진 위엄 외에도 프로방스 왕국에 위치한 리옹 백작령을 가져다줬을 것으로 추정된다. 그녀는 910년 클뤼니 수도원 설립에서 중요한 역할을 했는데 이는 여러 면에서 결혼으로 맺어진 동맹이 계속 이어지게 만들었다. 클뤼니 수도원의 초대 수도원장인 베르농은 사실 거의 20년 전부터 보소니드 가문과 관계를 유지해왔다. 한때 앙질베르주의 아버지의 영토였던 마콩 백작령에 클뤼니 수도원이 자리 잡았다. 교황을 따르고 수도원 설립자의 지배를 받지 않는 수도원의 새로운 지위는 앙질베르주 가문 고유의 관행을 따른 것으로 보인다. 반면 기욤의 가문은 세속의 보호자가 수도원장 임명처럼 중요한 권한을 가지는 것을 선호했다.

1050년에 노르망디 공작 기욤과 결혼한 마틸드 드 플랑드르Mathilde de Flandre(1031~1083년경)는 배우자를 통해 이따금 함께 권력 행사를 한 고위 귀족 여성들의 두 번째 예이다. 19세기 이후로 뿌리내린 전설 때문에 그녀가 바이외 자수품을 만들었다고 여겨졌다. 오디세우스의 정숙한 아내 마틸드 드 페넬로페Mathilde de Pénélope와 비슷한 이야기를 만들려고 바이외 자수품에는 바이외 태피스트리라는 잘못된 이름이 붙었다. 그 결과, 마틸드는 가정에서 직조에 전념하는 헌신적인 아내의 모범처럼 여겨졌다. 사실 바이외 자수품은 남자들이 일하는 잉글랜드의 작업장에서 만들어졌으며 기욤의 이복동생인 바이외의 주교 오동이 제작을 요청한 것으로 짐작된다. 마틸드뿐만 아니라 일반적으로 여성들에게 부여된 가문의 명예를 지키는 역할을 아마도 오동이 맡았던 것으로 보인다. 그런데 마틸드는 정치적인 역할도 했다. 물론 자신도 모르게 기욤 공작과 플랑드르 백작 가문 사이의 동맹에서 매개체 역할을 했다. 이 결혼은 교황 레오 9세의 반대에도 불구하고 그녀의 아버지인 보두앵 5세와 기욤에 의해 이루어졌다. 두 남자는 잉글랜드에 공동의 관심사를 가지고 있었고 마틸드는 어머니 아델 덕분에 '경건왕' 로베르의 손녀이기도 했기에 그녀에게는 왕실의 피가 흐르고 있었다. 기욤은 자신의 위신을 세우려면 왕실의 혈통이 절실히 필요했다. 1066년에 기욤은 마틸드 덕분에 선박을 건조하고 전쟁 준비를 할 수 있었던 듯 보인다. 따라서 기욤이 마틸드에게 노르망디 섭정을 맡긴 사실은 (그녀에게 도움을 주도록 노련한 로제 드 보몽Roger de Beaumont을 붙여주긴 했지만) 아내를 향한 그의 신뢰를 보여준다. 1068년, 기욤은 웨스트민스터에서 마틸드를 왕비 자리에 올리기 위해 잉글랜드로 오게 했다. 이후 그녀는 이따금 잉글랜드에 갔고 남편 옆에서 법원을 다스렸다. 아버지에게 맞서 반란을 일으킨 그들의 아들 로베르에게 마틸드가 도움을 주긴 했지만 기욤은 1083년에 숨을 거둘 때까지 그녀와 우호적인 관계를 유지했다. 마틸드 또한 기욤에게 아들 넷과 아마도 딸 여섯을 안겨줘 아내의 역할을 충실히 수행했다.

여자와 문학과 사상을

아키텐 공작 기욤 9세(1071~1127)는 봉건 제후이자 최초의 트루바두르였다. 꽤 정확한 묘사와 13세기 풍자 시집의 한 부분에 따르면, "푸아티에의 백작은 세상에서 가장 예의 바른 남자 중 한 명이며, 여성들을 속이는 최고의 바람둥이 중 한 명이다. 무기를 잘 다루는 훌륭한 기사이며, 유혹에 능하다. 그는 시를 잘 짓고 이를 노래할 줄 안다"라고 묘사했다. 기욤은 푸아투, 리무쟁, 앙구무아, 가스코뉴를 다스리는 대제후였다. 호전적인 기사이자 기회주의자였던 그는 툴루즈 백작이 십자군 원정을 떠나 있는 시기를 노려 백작의 조카인 필리파와의 결혼을 근거로 1098년에 툴루즈 탈취를 시도했고 1113년에서 1119년 사이에 다시 툴루즈를 점령하려 했다. 회개하는 영주였던 그는 1119년에 아라곤 왕의 편에서 스페인의 사라센족과 싸워 승리를 거두며 명예를 회복하기 전인 1101년에 성지로 불운한 원정을 떠났다. 그는 유머가 있고 도발을 즐기며 약간의 허세도 있기로 유명했다(또는 악평이 나 있었다). 마지막으로 기욤은 (무엇보다도?) '여성들을 속이는 최고의 바람둥이'였는데 교회의 비난에도 별로 동요하지 않았다. 1114년에 그는 아내와 일방적으로 이혼하고 샤텔로 자작 부인을 남편에게서 빼앗아 왔기 때문에 교황 특사에게 유죄 판결을 받았다. 모욕을 당한 필리파는 퐁트브로 수도원에 은신했다. 기욤은 푸아투의 유명한 매춘부들을 위해 수도원을 세운다는 생각을 시로 만들어 즐겼다. 그레고리오 개혁을 따르는 교회와 성직자에 맞서 기욤은 시와 오크어로 자기 생각을 표현했고 때로는 교권에 반하

는 세속의 가치를 옹호했다. 현재 남아 있는 그의 시 10편은 사랑을 주제로 한 모든 범위를 다루고 있는데 때로는 관능적이고 때로는 이루어질 수 없는 열렬한 사랑에서부터 외설적인 표현과 논란을 야기하는 내용도 있다. 기욤은 여기서 봉건제도의 섬김처럼 사랑의 섬김이라는 개념을 발전시켰다. 이는 기사가 갖춰야 할 덕목의 근원이었다. 그는 지방어로

사랑한 ♥ 두 남자

자신의 생각을 표현한 중세 유럽 최초의 시인이었다. 이로써 라틴어의 독점이 끝나면서 진정한 문화 혁명이 이루어졌다.

한편 피에르 아벨라르(1079~1142) 또한 사랑의 시를 썼지만 그는 그레고리오 개혁의 직접적인 또는 간접적인 결과로 생긴 문화적인 변화를 구체화했다. 브르타뉴의 귀족 가문 출신인 아벨라르는 당대 최고의 학자들과 로슈, 샤르트르, 앙제, 파리, 랑에서 공부하기 위해 기사를 그만뒀다. 그는 코르베이, 플뢰, 파리에 문을 연 '자유' 학교(즉 수도원 학교나 주교가 관리하는 대성당 부속학교와는 다른 학교)에서 수업을 하며 유명한 학자가 됐다. 파리의 학교는 1110년경에 생트준비에브 언덕에 자리를 잡았는데 후에 라틴 지구의 탄생에 기여했다.

논리학과 신학을 적용한 아벨라르의 형식논리학에 매료된 학생들이 몰려들었지만 이러한 성공은 그가 겪은 고난으로 위태로워졌다. 가장 끔찍한 고난은 그의 학생 중 한 명인 엘로이즈와의 은밀한 연인 관계 탓에 벌어졌다. 1118년, 모욕을 당했다고 여긴 엘로이즈 가문은 아벨라르를 거세했고 그는 수도원에 은둔해야 했다. 그에게 가장 고통스러웠던 일은 아마도 그의 방법론과 혁신적인 사상이 교회에서 비난을 받아 결국 1121년에 이단으로 몰려 파문당하고 1140년에 재차 파문을 당한 사건일 것이다. 아벨라르는 그가 말년을 보낸 클뤼니 수도원에 은신하며 이러한 비극적인 사건을 《내 불행의 역사Histoire de mes malheurs》에서 스스로 이야기했다. 이 독특한 작품은 신화적인 이야기의 첫 기준을 만든 초기 자서전의 형태를 띠고 있으며 이러한 방식이 프랑수아 비용François Villon에서 시작해 조르주 브라상Georges Brassens까지 이어지며 낭만주의 시대에 큰 성공을 거뒀다. 1817년, 아벨라르와 엘로이즈를 위한 신고딕 양식의 웅장한 묘비가 세워졌고 이곳은 오늘날 페르라셰즈 묘지에서 사람들이 가장 많이 찾는 장소가 되었다.